초판 1쇄 발행 2012년 3월 10일
초판 2쇄 발행 2013년 4월 10일

지은이 마이크 캐시디
옮긴이 이성우
발행인 김한청
편 집 안희정
디자인 김진경

펴낸곳 도서출판 다른
출판등록 2004년 9월 2일 제 310-2004-00016호
서울시 마포구 동교동 165-8번지 엘지팰리스 808호
전화 02 3143 6478
팩스 02 3143 6479
블로그 | http://blog.naver.com/darun7
메일 | khc15968@hanmail.net

ISBN 978-89-92711-52-4 73330

THE SKINNY ON BULLYING: the legend of Gretchen by Mike Cassidy

Copyright ⓒ 2010 by Rand Media Co.

Korean translation rights ⓒ 2012 DARUN Publisher

Korean translation rights are arranged with the

Author through Amo Agency Korea.

All rights reserved.

이 책의 한국어판 저작권은 아모 에이전시를 통해

저작권자와 독점 계약한 도서출판 다른에 있습니다.

신 저작권법에 의하여 보호를 받는 저작물이므로

무단 전재와 무단 복제를 금합니다.

잘못 만들어진 책은 구입하신 곳에서 바꾸어 드립니다.

값은 뒤표지에 있습니다.

국립중앙도서관 출판시도서목록(CIP)

너한테도 생길 수 있는 일 : 학교폭력에 용기 있게 맞서기
마이크 캐시디 지음 ; 이성우 옮김. -- 서울 : 다른, 2012
144p. ; 14×21cm

원표제: Skinny on bullying
원저자명: Mike Cassidy
영어 원작을 한국어로 번역
ISBN 978-89-92711-52-4 73330 : ₩10000

학교 폭력[學校暴力]
집단 따돌림[集團--]

334.3-KDC5   CIP2012000745

⚜ 추천사 ⚜

아이들이 왜 말하지 않았을까 하고 물으면 착한 친구들은 부모님이 걱정하실까 걱정하고, 다른 친구들은 어른들을 못 믿겠다고 말하지요. 하지만 이 책은 반드시 용기를 내어 누구에게라도 말하라고 합니다. 그리고 친구들끼리 서로 협력자가 되라고 합니다. 그러면 폭력을 쓰려던 친구도 멈추게 될 거예요. 이제 많은 어른들이 친구들 편에 서고 있어요.
_ 임성무 (대구 상인초등학교 선생님 / 천주교 대구대교구 정의평화위원회 총무)

학교폭력에 대처하는 가장 소극적이면서도 가장 적극적인 방법은 무엇일까요? 그건 아마도 '용기'를 내는 것이 아닐까요? 아이들은 나의 이야기를 어른들에게 말할 수 있는 '용기'이며, 어른들은 아이들의 이야기를 기다리며 듣기 위해 다가서는 '용기'일 것입니다. 그렇다면 우리는 이 지긋지긋한 학교폭력 문제 해결의 반은 이룬 것입니다. '용기'를 내는 것이 그 시작이라면 이 책은 여러분에게 그 '용기'를 내게 해 줄 것입니다.
_ 국찬석 (경기 미원초등학교 선생님)

학교폭력의 속성은 가해자와 피해자가 정해져 있지 않다는 것입니다. 피해자가 가해자가 될 수 있고 가해자가 피해자가 될 수 있습니다. 자신의 경험 속에서 폭력의 피해자와 가해자 모두의 감수성을 담아 스스로를 지키고 남을 존중하는 방법을 친절하게 안내하는 이 책은 모두에게 유익할 것입니다.
_ 이명남 (서울 영림중학교 학생생활지원부 선생님)

아이들에게 가장 구분하기 어려운 것은 "친구의 행동이 어디서부터 폭력인가?"입니다. 이 책은 폭력이 시작되는 경계를 알기 쉽게 짚어 줍니다. 또한 '왜 폭력행위를 어른에게 알려야 하는지', '어떻게 폭력에 적절하게 대응해야 하는지'를 날렵한 그림과 함께 잘 설명해 줍니다.
_ 손병일 (『십대공감』 지은이)

'폭력 앞에선 누구나 두려움과 공포 때문에 아무 생각도, 어떤 행동도 하기 쉽지 않을 것입니다. 특히 어린 학생들에게 그 공포와 두려움은 더욱 클 것이고, 그래서 다른 사람에게 도움을 요청하는 말을 하지 못하는 경우가 많습니다. 이 책에서는 아이들이 당하거나 친구들에게 가하는 다양한 폭력에 대한 설명과 함께 폭력에 대처하는 황금률로 '어른에게 말해요'를 제시하고 있습니다. 비록 이 황금률이 폭력을 해결하는 근본책은 될 수 없겠지만, 도움이 필요한 아이들에게 지속적으로 얘기해 줄 필요가 있다고 생각합니다.'
_ 이금자 (서울 고척중학교 선생님)

지은이 | **마이크 캐시디**
마이크 캐시디는 작가이자 소셜 미디어 전문가로서 미국 뉴욕 교외의 코네티컷 출신입니다. 2006년에 빌라노바 대학에서 커뮤니케이션 학위를 받았습니다.

옮긴이 | **이성우**
1988년부터 경북의 여러 초등학교에서 학생들을 가르쳐 오고 있고, 현재 경북 칠곡의 약목초등학교 교사로 근무하고 있습니다. 경북대학교 대학원에서 교육학(교육철학 전공) 박사학위를 받았습니다. 교육문제, 사회의 진보, 예술행위에 관심이 많습니다. 이 지구촌의 모든 사람이 한 가족처럼 살아가는 세상을 꿈꿉니다.

마이크 캐시디 지음
이성우 옮김

학교폭력에 용기 있게 맞서기

너한테도 생길 수 있는 일

다른

옮긴이의 글

언젠가 한 초등학생이 사거리 횡단보도에서 길 건너다가 교통사고 당한 것을 본 적이 있습니다. 그리 심각한 사고는 아니었지만 그 학생은 파란불 신호가 왔을 때 건넜기 때문에 백퍼센트 자동차 운전자의 잘못이었습니다. 그러나 그 친구는 차에 부딪혀 정신이 멍한 상태에서도 그저 괜찮다며 빨리 그 자리를 벗어나려고만 해서 보는 이들의 마음이 안타까웠습니다. 혹 그 친구는 평소에 늘 차 조심 하라는 부모님의 얼굴을 떠올리면서 자기 잘못으로 사고가 일어났다며 자신을 탓했는지도 모릅니다.

만약 여러분이 그 학생이었다면 어떻게 했을까요? 아마 대부분의 친구들은 그 학생처럼 자신의 안전과 건강을 지키려 애쓰기보다는 그저 빨리 사고 현장을 벗어나려고만 할 거예요. 교통사고와 마찬가지로 학교에서 안 좋은 일을 겪을 때에도 여러분은 스스로를 지키기 위해 현명하게 행동하기가 쉽지 않을 거예요. 유감스럽게도 현재 우리의 학교는 급우들이나 선배 학생들로부터 괴롭힘이나 폭력을 당하지 않고 안전하게 학교생활 하는 것을 신경 써야 하는 형편입니다. 공부 열심히 하는 것 못지않게 내 몸과 마음의 건강을 지키며 안전하게 학교생활을 마치는 것이 중요한 과제가 되었습니다.

이 책은 그런 우울한 목적에 약간은 쓸모가 있기를 바라는 마음에서 엮었답니다. 이 책의 핵심 키워드는 '**황금률**'*입니다. 가해 학생이든 피해 학생이든 폭력 문제로 고민하는 친구들이 최우선적으로 해야 할 일이 '**어른에게 말하기**'임을 강조합니다. 지은이는 아무리 강조해도 지나치지 않다는 생각에서 수시로 '**황금률**'을 말합니다. 최근 심각한 사회문제로 떠오르는 폭력 피해 학생의 소식을 접하면서 우리 모두 '아이들이 왜 말을 하지 않았을까' 안타까웠습니다. 그런 점에서 '**황금률**'이란 이 책의 키워드가 설득력을 가집니다.

이 책을 읽고 나서 우리 학생들이 자신에게 불행이 닥쳤을 때 그것을 피해 가려고만 하지 말고 자신의 고충을 바깥으로 드러내는 용기를 가졌으면 합니다. 마음이든 몸이든 아프면 아프다고 가까운 친구에게 털어놓아요. 그리고 그 친구와 함께 선생님이나 믿을 만한 어른을 찾아가서 여러분이 겪고 있는 문제를 이야기하기 바랍니다. 교통사고 당한 것이 부끄러운 일이 아니듯이, 학교폭력 또한 내가 못나서 겪는 일이 아닙니다. 폭력은 침묵을 양분으로 삼아 자라는 독버섯입니다. 그 독버섯은 피해 학생은 물론 가해 학생에게도 해롭습니다. 침묵을 깨고 어른에게 알리기를 실천하는 용기는 모두를 위해서도 바람직합니다.

누구나 인생을 살면서 이런 저런 위기를 겪기 마련입니다. 폭력 또한 피할 수 없는 거예요. 이 책 본문에도 나오지만 유명인들 가운데 학창 시절에 집단 괴롭힘이나 폭력을 겪은 경우가 많습니다. 그들은 자신에게 닥친 위기를 용기 있게 이겨 냄으로써 자신의 성공을 이루었다고 합니다. 용기 있는 사람에게 위기는 곧 기회입니다. 여러분, 용기를 가집시다! 처음부터 용기 있게 폭력에 맞서든지 아니면 나중에라도 용기를 내어 '**황금률**'을 실천합시다. 그리고 무엇보다 중요한 것은, 어떠한 경우에도 굴복하지 않기입니다. 폭력 가해자에게 굴복하는 것보다 더 나쁜 것은 자기 자신에게 굴복하는 것입니다. 모든 용기 가운데 가장 빛나는 용기는 바로 자기 자신을 사랑하는 용기입니다.

학교폭력으로 고통 받고 있는 모든 친구들을 응원합니다. 여러분, 힘내요. 또한 자신의 영혼 깊숙이 잠자고 있는 용기를 불러일으켜요. 시간은 여러분의 편이랍니다. 학교폭력은 한 순간일 뿐이에요. 이 시간을 용기 있게 잘 견디면, 현재의 고통은 반드시 여러분의 성장에 훌륭한 밑거름이 될 겁니다. **용기를 내요.**

이성우

---

* **황금률**은 원래 성경에서 생겨난 단어로 사람이 지켜야 할 가장 중요한 도덕적 원칙을 뜻했습니다. 그 뒤 '황금률'이란 말은 일상생활에서는 물론, 수학이나 미술 등 여러 분야에서도 쓰이면서, 어떤 경우에서든 우리가 그것을 따를 때 가장 바람직한 결과를 얻을 수 있는 '금쪽같은 원칙'이라는 뜻으로 쓰이게 되었습니다. 이 책에서 황금률은 여러분들이 학교폭력을 벗어나기 위한 가장 중요한 해결책으로서 '어른에게 알리기'를 말합니다.

"결국 우리 기억 속에 남는 것은
적들의 말이 아니라
벗들의 침묵이다."

— **마틴 루터 킹**(노벨 평화상을 수상한 미국의 인권운동가)

들어가는 말

학교폭력을 당하는 친구들에게 :

폭력은 피해 갈 수 없습니다. 그것에 당당하게 맞서야만 합니다.

폭력의 종류는 너무 다양해서 모든 문제에 딱 맞는 해결 방안을 제시하기 어렵습니다. 폭력의 사례들은 저마다 독특합니다. 폭력은 이 세계의 어떤 나라나 어떤 문화권에서도 벌어진답니다. 여러분 주위의 어른이나 부모님도 살아오면서 이런저런 폭력을 겪었을 거예요.

이 책에서 소개하는 방법들은 여러분에게 도움이 될 수도 그렇지 않을 수도 있을 거예요. 문제에 부딪혔을 때는 항상 상식의 기준에서 판단해야 하며, 무엇보다 여러분의 안전을 가장 중요하게 생각해야 합니다. 이 책은 어디까지나 안내서일 뿐 폭력을 해결하기 위한 정답은 아니랍니다. 여러분이 폭력을 당할 때 이 책의 **황금률: 어른에게 말하기**를 꼭 기억해 두길 바랍니다. 어른들과 함께 여러분이 겪고 있는 나름의 상황에 가장 적합한 해결책이 뭔지 찾을 수 있을 거예요.

학교폭력을 가하는 친구들에게 :

만약 여러분이 폭력의 가해자로서 자신의 행동에 문제가 있다고 생각해 그것을 고치고 싶다면, 이 책은 여러분의 행동 개선을 위한 첫걸음이 될 것입니다. 폭력은 피해자는 물론 가해자에게도 바람직하지 않으며, 때론 심각한 결과가 빚어지기도 합니다. 나이에 따라 다르지만 가해자는 학교에서나 법적으로도 심각한 처벌을 받을 수도 있습니다. 폭력을 멈추기 위한 가장 좋은 방법은 당하는 친구의 입장이 되어 보는 겁니다. 그 아이들이 어떤 마음일 것 같나요? 만약 여러분이 그런 일을 원하지 않는다면 여러분도 다른 친구들에게 그렇게 하지 말아야 한다는 사실을 명심하기 바랍니다.

이 책의 **황금률: 어른에게 말하기**를 꼭 기억해 두세요. 만약 여러분 스스로 폭력을 멈추기 힘들다면 믿을 만한 어른에게 말해요. 그것으로 인해 여러분이 곤란해질 것이라 걱정하지 말아요. 그것은 올바른 행동이랍니다!

인사말

　안녕하세요, 여러분. 저는 이 책을 쓴 마이크 캐시디입니다. 저도 어릴 때 폭력을 당한 적이 있어요. 물론 때론 폭력의 가해자였답니다. 저는 이 두 가지 모두를 경험해 봤기 때문에 폭력이 어떤 것인지를 잘 압니다. 저는 부모님이나 선생님, 그리고 정신과의사나 상담선생님 같은 전문가들과도 많은 대화를 나누었답니다.

빌리와 베스를 소개할게요. 이 친구들은 13살이에요.

이 친구들은 이웃에 살아요.

1

이 둘은 서로를 가장 친한 친구로 생각한답니다.

2

둘은 뭐든 함께 했어요.

주위에서는 둘이 이성 친구로서 사귄다고들 생각하지만…… 사실은 절대 그렇지 않았어요.

"말도 안 돼."

"휠!"

작년에 빌리와 베스는 6학년이었습니다. 이 친구들은 스틱빌 초등학교에서 꽤 유명했답니다.

빌리는 학급 반장이었습니다.

"제가 만약 반장이 된다면, 우리 교실에 과자 자판기를 설치하겠습니다."

와~ 쟤는 남자 팀에서
뛰는 게 낫겠당~

그리고 베스는 학교 축구부에서
최고의 선수였어요.

남자 아이들보다 훨씬 뛰어났어요.

6학년 때 그들은 학교의 스타였습니다.

하지만 6학년을 마치고 중학교로 진학하면서 모든 것이 달라지기 시작했어요.

스틱빌 초등학교

이제, 새로운 학교가 그들을 기다리고 있었는데……

스틱빌 초등학교

스틱빌 중학교

그곳은 배에 탄 아이들에게 전혀 알려지지 않은 신비의 나라였어요.

'중학교'의 원주민들은 덩치도 크고 힘도 셌어요. 게다가 낯선 이들을 친절히 대할 것 같지 않았어요.

그래도 우리의 용감한 선원들은 새로운 땅을 향해 씩씩하게 다가갔어요.

"와~ 육지다!"

이 낯선 세상에선 무엇이 이들을 기다릴까요? 오직 시간만이 그 답을 알고 있겠……

상륙하자마자 빌리와 베스가 맨 처음 깨달은 것은 예전처럼 자기들이 인기 많은 아이들이 아니라는 사실이었어요.

중학교로의 진학은 견디기 힘든 과도기가 될 수 있습니다.

새 학교는 새로운 자유, 새로운 사람들, 새로운 학급, 새로운 책임을 뜻합니다. 여러분이 할 수 있는 최선은 준비를 충분히 하여 첫날을 잘 보내는 것입니다. 너무 긴장할 필요는 없습니다. 걱정거리가 있다면 여러분이 믿는 어른과 상의해요. 하루하루를 즐겨요. 학교생활에 재미가 붙을 거예요!

스틱빌 중학교에서 보낸 처음 한 달 동안, 빌리와 베스는 덩치가 산만한 중3 형들이 친구를 괴롭히는 모습을 목격했지만 방관자로 지켜보기만 했어요.

"우리, 얘기 좀 할까!?!"

폭력이란 무엇인가요?

여러분 모두는 폭력이 뭔지 잘 알고 있을 거예요. 매일매일 그것을 목격하니까요. 폭력은 어떤 사람이 다른 사람에게 고의적으로 다치게 하거나 겁을 주는 행위입니다. 이럴 때 자신을 지키기 어려운 사람은 폭력의 피해자가 될 수밖에 없어요. 폭력은 보통 지속적으로 일어나요. 온라인에서나 전화상으로 일어나기도 해요. 이런 사이버폭력은 인터넷, 휴대폰이나 기타 통신장치를 사용할 때 일어나는 폭력입니다.

지금 당장 폭력을 멈춰요

폭력에 관한 규칙은 학교마다 다릅니다. 여러분의 학교에서는 폭력을 어떻게 규정하는지 부모님이나 선생님께 물어서 정확히 알아 둘 필요가 있습니다.

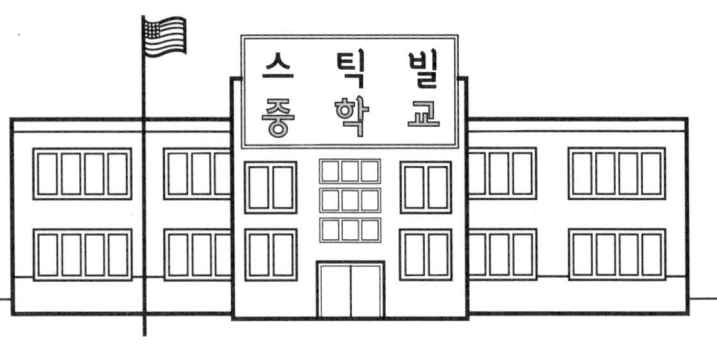

폭력의 4가지 유형

1. **신체폭력** : 힘을 써서 의도적으로 상대방을 괴롭히는 행위

2. **언어폭력** : 말로 상대방을 괴롭히는 행위

3. **간접폭력** : 앞에서는 아무 짓 안 하지만 상대방이 없는 곳에서 해를 끼치는 행위

4. **사이버폭력** : 온라인에서나 전화상으로 상대방을 괴롭히는 행위

지금까지 빌리와 베스는 운이 좋았습니다. 그럭저럭 나쁜 아이들의 감시망을 잘 피할 수 있었어요.

레스터 피클스는 그리 운이 좋지 않았어요. 레스터는 크리스 로건과 그 졸개들에게 만만한 대상이었습니다. 아무래도 레스터는 학교생활을 힘들게 보내야만 할 것 같군요.

빌리는 너무 무서워서 레스터를 도울 수가 없었어요.

"빌리, 네가 뭐라고 말해야 하는 거 아냐?"

"베스, 쟤들 덩치 좀 봐. 나 같은 건 한 방에 묵사발이 될 거야. 그냥 입 다물고 가만히 있는 게 좋을 것 같애."

여기서 빌리와 베스의 행동을 잠깐 짚어 보겠습니다. 지금까지 둘은 가해자들의 감시망을 잘 피해 왔고 잘한 일이라고 생각합니다. 하지만 단순히 그 아이들을 피해 다니는 것만으로는 문제가 해결되지 않아요. 여러분은 폭력의 상황을 대할 때마다 그것에 맞서야 해요. 다른 친구들이 당할 때에는 더욱 그렇게 해야 합니다.

폭력을 당하는 친구를 어떻게 도울 수 있을까요?

1. **황금률** = 어른에게 말하기
2. 가해자들에 맞서기
3. 협력자가 되기 : 도움의 손길 내밀기

---

1. 황금률

가해자들과 맞닥뜨리기가 두렵다면 **어른에게 말해요.** 담임선생님이나 상담선생님, 체육선생님, 부모님 등 여러분이 기댈 수 있는 어른에게 알리면 됩니다. 어떤 일이 일어났는지 정확히 말해야 합니다. (만약 한 분에게 말했는데 아무 도움을 주지 않으면 다른 분에게 도움을 청해요.)

2. 가해자들에 맞서기: 만약 용기가 있다면 가해자들에게 폭력 행위를 멈추라고 말해요. 폭력은 멋진 일이 아니라는 것을 분명하게 짚어주는 것이 중요합니다.

3. 협력자가 되기: 폭력을 당하는 친구에게 도움의 손길을 내밀어요. 친구의 문제를 귀담아들어 주고 친구의 고민을 충분히 이해했다는 말을 해요. 학교에서 친구 집까지 같이 걸어가 주거나 여러분의 친구들에게 그 친구를 소개해서 함께 어울려 봐요. 이런 작은 노력들이 그 친구의 삶에 큰 변화를 일으킬 수 있답니다.

항상 폭력을 당하는 친구의 입장에 서서 생각하도록 노력해요.

"레스터, 너 괜찮아?"

"이젠 견딜 만 해. 크리스 로건 걔 정말 나쁜 녀석이야."

다음 날,
아인슈타인 선생님의
과학 시간

"안녕 친구들. 자, 다들 조용히! 오늘은 특별히 여러분들에게 폭력을 피하는 방법을 알려주기 위해 '바다의 법칙'이란 주제의 수업을 준비했습니다. 알다시피 바다에는 크고 작은 수많은 생명체들이 섞여 살아요. 작은 생명체가 굶주린 큰 생명체와 맞짱 뜨는 경우는 거의 없어요. 자신의 생명을 지키려면 작은 동물들은 잡아먹히지 않기 위한 요령을 익혀야 합니다."

학교폭력을 피하는 방법

I
여럿이 함께 다닌다

어떤 물고기들은 '무리 지어' 다닙니다. 수가 많으면 그만큼 힘도 세지기 때문이죠. 물고기들이 무리 지어 함께 다니면 매우 유리합니다.

(1) 무리를 지어 활동하면, 상어를 지키는 감시의 눈길이 많기 때문에 상어의 출현을 쉽게 알아채 조심할 수 있어요. 어떤 한 물고기가 포식자를 빨리 발견할수록 물고기 무리들은 더 빨리 달아날 수 있겠죠.

(2) '함께 다니기'의 또 다른 이점은 무리의 수가 많으면 더 크고 무서운 동물로 보이기 때문에 포식자에게 공격 받을 가능성이 적다는 것입니다.

(3) 마지막으로, 포식자가 무리 속에 있는 낱낱의 먹잇감을 찍기가 어렵습니다. 왜냐하면 많은 수의 물고기들이 같이 움직이면 헷갈려서 포식자들의 집중력이 흐트러지기 때문이죠. 반대로 홀로 떨어져 있는 물고기는 목표물이 되기 쉽답니다.

교훈:

그룹 활동에 참여한다: 방금 우리가 살펴본 물고기들과 마찬가지로, 학생들도 무리를 지어 친구들과 함께 다니면 훨씬 유리하겠죠. 학교에서 속해 있는 그룹이 많으면 많을수록 여러분 주위에 더 많은 친구가 있게 됩니다. 가해자는 무리 속에 있는 어느 한 대상을 찍기가 어렵답니다.

II
위험지대를 피한다

일단 상어의 눈에 찍힌 작은 바다표범은 달아날 수 있는 가능성이 적어집니다. 상어들은 사냥하기 쉽게 바다표범이 물이 얕은 지역에 모여 있는 것을 좋아합니다. 이러한 장소를 **위험지대**라 해요.

상어에게 잡아먹히지 않기 위해 바다표범은 위험지대를 피하는 방법을 터득해야만 하겠죠. 바다표범은 상어가 자신을 잘 찾지 못하도록 깊은 물에서 사냥하는 법을 배운답니다.

교훈:

위험지대를 피한다: 사람들의 눈길이 잘 닿지 않아 가해자들이 어슬렁거리기를 좋아하는 장소를 피해 다녀요.

III
자신감을 갖는다

복어는 매우 느린데다가 반사신경이 둔해서 포식자들의 먹이가 되기 쉽습니다. 그러나 살아남기 위해 복어는 뱃속에 물을 가득 채우고선 몸집을 부풀려 자기의 실제 덩치보다 훨씬 커 보이게 하는 독특한 능력을 지니고 있습니다. 이 방법을 통해 복어는 포식자가 순간적으로 놀라 움찔 하는 사이 달아날 수 있는 시간을 번답니다.

교훈:

자신감을 갖는다: 가해자는 자신감이 적거나 자존감이 낮아 보이는 친구들을 대상으로 삼기 마련이에요. 그래서 우리 친구들은 항상 자신감과 강한 정신력을 내비쳐야 합니다. 여러분 자신을 믿어야 해요. 자신의 능력에 자부심을 가질 것이며 운동도 하고 건강한 식생활을 하도록 노력합시다. 만약 여러분이 이러한 점을 잘 지킨다면 가해자들이 절대 만만하게 보지 못할 거예요.

요약정리

1. **여럿이 함께 다닌다**: 적극적으로 생활하고, 그룹 활동에 참여하여 친구를 많이 사귀어요.

2. **위험지대를 피한다**: 가해자들이 모여 있는 곳을 피해 다녀요.

3. **자신감을 갖는다**: 자신을 믿고 자신의 능력에 자부심을 가져요. 그리고 운동을 통해 건강한 몸을 만들어요.

1주일 뒤……

오늘, 연극 참여를 희망한 학생들이 자기가 배역을 맡게 되었는지 게시판을 확인하고 있군요.

"앗싸!
난 도로시 역을 맡았어."

로니는 베스와 빌리의 절친이에요. 로니는 친구들 사이에서 괴짜로 통했어요. 이번에 허수아비 역을 맡게 되었군요.

겁쟁이 사자???

레스터도 배역을 맡았는데……

학교 연극

"토토!!! 좋아!!!
개 짖는 소리는
정말 자신 있어!!!"

"자, 친구들! 이제 여러분 모두 역할을 받았죠. 이번 주부터 연습을 시작할 거예요. 다음 주 월요일 방과 후에 각자의 의상을 나눠 줄 거예요.

아, 그리고 방금 들었는데 나쁜 마녀 역을 맡기로 한 수지가 지금 수두를 앓고 있어서 학교에 못 나온다고 해요. 그래서 마녀 역이 비어 있는데, 매우 중요한 역할이니까 여러분의 친구 가운데 관심 있는 사람이 있는지 알아봐 주세요."

다음 날,
학교 식당

"너 기분 굉장히 좋은 것 같다."

"믿을 수가 없어, 내가 도로시 역을 맡았다는 게… 너무… 너무…"

"좋아?"

"응, 너무."

"빌리, 베스! 잡담할 시간 없어! 너희들 빨리 이 자리를 떠야 해. 소식통에 따르면 이 지역은 민간인들에게 더 이상 안전하지 않대!"

"로니, 그 옷차림은 뭐야? 너 지금 도대체 뭐 하는 거니!?!"

!?!

"잘 들어, 비상사태야. 이곳에 있는 모든 사람들을 즉시 대피시켜야 해."

"로니, 난 지금 장난칠 기분이 아니거든~"

"이건 장난이 아니야. 방금 제퍼슨 중학교에 있는 내 연락책으로부터 엄청난 정보를 입수했어. 자세한 내용은 오늘밤 캠프파이어 때 얘기해 줄게."

"좋아, 로니. 암튼 우리 이 자리를 뜰게."

"이곳은 완전히 정리됐다. 오버!"

"그건 무전기도 아니잖아. 수학시간에 쓰는 전자계산기 아냐!"

그날 밤, 빌리의 집

"자, 로니. 이제 그 중요한 이야기를 말해 주지 않겠니?"

"응, 너희들 모두 잘 들어야 해. 그런데 내가 진짜로 말하는데, 너희들 이 이야기 듣고 놀라기 없기다!"

"만약 너희들 중 비위가 약한 사람 있으면, 집안에 들어가 과자나 먹고 있는 게 좋을 거야. 이건 겁쟁이들을 위한 이야기가 아니란다~"

"로니, 농담 좀 그만해."

"빨리 이야기나 해 봐!"

"좋아. 정 그러시다면......

이 이야기는 폭풍우가 몰아치던 캄캄한 어느 날 밤 로키 산에서 시작돼.

"산꼭대기엔 어둠에 둘러싸인 성이 하나 있었어.
그날은 몇 년 만에 아주 심한 비바람이 불어치던
최악의 날씨였어.
그런데 어지러운 비바람 소리를 뚫고
뭔가 울부짖는 소리가 들려왔지."

오우우우우우...
오우우우우우우!!!

"로니, 그만해!!!
무서워!"

"이 으스스한 저녁에 한 아기가 태어났어. 그 아이는 인간의 아이가 아니었어. 두 거대한 괴물 뱀파이어와 늑대인간 사이에서 태어난 딸이었는데……"

"그 아이는 완전 악마였고
그 이름도 무시무시한……

그레첸!!!"

"그레첸은 면도날처럼 날카로운 뿔과 이빨 그리고 발톱을 갖고 태어났어. 그레첸은 태어나자마자 부모의 품을 떠나 늑대들의 손에 길러졌지. 늑대들은 먹이를 찾기 위해 몇 년 동안 온 나라를 휩쓸고 다녔어. 세 살이 되었을 때 그레첸은 늑대 무리 속에서 최고의 사냥꾼이 되었고……"

"어느 날 늑대들은 그레첸이 너무 강해지고 있다는 걸 깨달았어. 그래서 그들은 그 애를 돌려보내 인간들과 함께 살도록 했어.
전설에 따르면 그 애는 사람들과 적응해 살 수 없었던가 봐. 시간이 흐르면서 그레첸에게 점차 야수의 본능이 되살아났어. 그레첸은 매우 손쉽게 얻을 수 있고 또 맛있는 먹이를 발견했어. 어린아이야!!! 우리 같은 아이들."

"쉿! 이게 제일 중요한 부분이야. 맨 처음 이 무서운 이야기를 해 준 사람이 내 사촌 잭인데, 몇 달 전에 그레첸이 잭네 학교에 왔나 봐. 거기서 그레첸이 만나는 사람마다 공포에 몰아넣었대."

"됐어 그만해, 로니. 너무 무섭잖아."

"오~ 로니. 너무 해. 지금 네가 하고 있는 말을 한번 생각해 봐. 너 지금 뱀파이어와 늑대인간에 관한 옛날이야기를 늘어놓고 있잖아. 순 엉터리야."

"내가 한 말은 모두 사실이야, 맹세코!"

"설령 거기에 괴물이 실제로 있다 하더라도 이곳 스틱빌 마을에 있는 건 아냐. 우린 모두는 안전해. 사라진 애가 하나도 없잖아. 걱정할 필요가 전혀 없어."

"아직 이야기 안 끝났어!!! 그래서 요전 날 잭이 전화로 말했어. 그 괴물이 자기 학교를 떠나 어느 운 나쁜 마을로 이사 갔는데 그 마을 이름이 뭘까 맞혀 봐…… 스틱빌이라구!!! 다음 주 월요일에 온대!!!"

"끔찍해!"

"우리 어떡하지?"

"걱정 마. 내 옆에 있으면 돼, 소녀들. 내가 지켜 줄게. 이 로니 님은 어느 누구도 무섭지 않걸랑~"

"으악!!!"

75

"너희들 모두 겁쟁이구나. 그러니까 그깟 여자 애한테 당할까 봐 두렵다는 말이지?"

"말조심해, 빌리."

빵빵!!!

"얘들아, 우리 엄마 오셨어! 월요일에 보자."

76

월요일 아침,
교실

'오즈의 마법사' 연극 연습

81

"내 집 같은 곳은 어디에도 없다니, 내 집이 최고야."

"멍멍"

"내 훈장에 뭐라고 적혀 있는지 봐. 용기. 이게 진실이 아니겠어. 이게 맞지 않냐고?"

82

"얘들아 잘했다. 상자에 각자의 의상이 있단다. 집에 가져가서 한번 확인해 보렴. **반드시 집에 가서 입기다!**"

"이 의상 너무 맘에 들어."

"네, 선생님. 염려 놓으시라고요."

사자   도로시   토토

85

"엄마, 저 멍청이들 좀 봐. 하하하! 저 바보 같은 옷차림은 또 뭐야? 푸하하하!!!"

"그레첸, 오늘은 첫날이잖아. 예의를 지키렴."

86

"너희들 뭐야? 정말 고상하게 생겨 먹었구나! 가장행렬이라도 하나 보지? 하하하하!!!"

"우…리… 음~, 우…린… 이건… 음~ 학교 연극…"

"말 더듬긴, 찌지리!"

"야, 얘한테 그런 말 하지 마."

"괜찮아 빌리… 나한테 맡겨 둬!"

"찌지리, 너 방금 뭐라 했어?!"

"그래, 어쩔래?"

"우악~~~~"

"그레첸, 당장 이리 오지 못해."

"찌지리, 비시리……
너희 둘 다 기억해 두마.
담에 보자~"

"로니 말이 맞아.
그레첸은 정말 난폭한 애
같아. 다시는 쟤랑
안 마주치면 좋겠어."

"근데, 로니와
레스터는 어디 있지?"

"걔, 갔냐?"

"토토야, 우리가 더 이상 캔자스에 있지 않다는 느낌이 드는데."

다음 날 그레첸의 학교생활이 시작되었어요. 파괴도 함께 시작되었죠.

스틱빌 중학교

여기서 폭력의 네 가지 유형을
다시 짚어 볼까요.

1. 언어폭력

2. 신체폭력

3. 간접폭력

4. 사이버폭력

1. 언어폭력

빌리와 베스는 방금 언어폭력을 당했습니다. 다음이 그 행동이에요.

- 놀리기
- 흉내 내기
- 욕하기
- 모욕 주기
- 협박하기
- 위협하기

언어폭력 대처법

- **황금률** = 어른에게 말하기
- 폭력적인 언어로 맞받아치지 않기
- 그냥 무시하고서 가해자로부터 벗어나기

2. 신체폭력

신체폭력은 신체적 고통이나 불편을 초래하는 모든 공격적인 행동을 말합니다. 밀치기, 떠밀기, 손바닥이나 주먹으로 때리기, 침 뱉기, 감금하기 등이 있습니다. 또한 공공기물 파괴나 다른 사람의 물건에 낙서하는 행위도 여기에 해당합니다.

빌리는 몇 주 동안 그레첸으로부터 신체폭력을 당했어요.

그레첸은 진짜 폭력 전문가였어요.
빌리는 그레첸한테 정말 제대로 당했어요.

책가방 털기

'날 때려 줘!'
꼬리표 달기

머리 쥐어박기

바지 벗기기

신체폭력 대처법

- **황금률** = 어른에게 말하기
- 모든 수단을 써서 폭력을 피하기
- 되받아치지 않기
- 위험지대 피하기
- 문제가 발생하기 전에 가해자로부터 벗어나기

한편 베스는 그레첸이 자신을 괴롭히고 있다는 사실을 알아차리지 못했어요. 간접폭력을 당하고 있었기 때문이에요.

간접폭력은 상대방이 없는 곳에서 해를 끼치는 행위입니다. 그렇다고 이것이 해롭지 않은 것은 아닙니다. 사실, 신체폭력보다 훨씬 더 나쁠 수도 있습니다.

3. 간접폭력

- 나쁜 소문 퍼뜨리기
- 기분 나쁜 눈빛이나 몸짓 취하기
- 사람들 앞에서 모욕 주기
- 왕따 시키기

점심시간 식당에서 여자 아이들 아무도 베스 옆에 앉지 않았어요.

친구가 필요할 때 그 사람의 곁에 있어 주는 것은 정말 좋은 일이에요.

간접폭력 대처법

- **황금률** = 어른에게 말하기
- 여러분을 존중해 줄 친구를 찾아보기
- 소문에 민감한 반응을 보이지 않기. 가해자들이 바라는 대로 휘말리는 꼴이 될 뿐이니까.
- 여러분이 믿고 의지할 친구에게 고민을 털어놓기. 친구는 여러분의 편이 되어 줄 것임.
- 소문이란 것은 시간이 지나면 사라지고 만다는 사실을 잊지 않기

4. 사이버폭력

그날 저녁,
베스의 집

베스는 빌리한테 문자를 받았는데……

빌리

"우리 이대로 당하고만 있을 수 없어. 너 그레첸이 페이스북에 쓴 것 봤냐?"

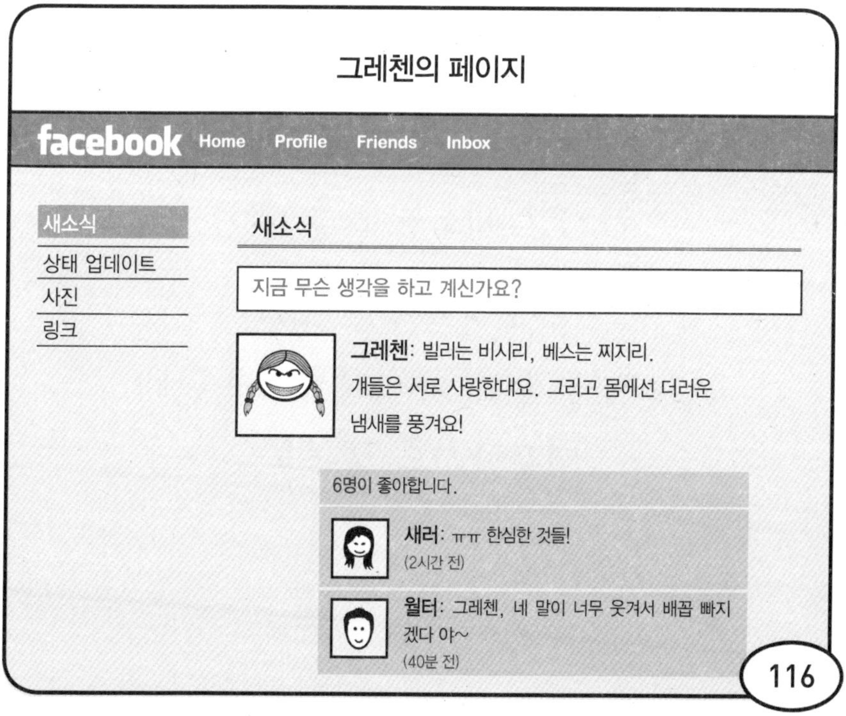

그레첸의 페이지

facebook Home Profile Friends Inbox

새소식
상태 업데이트
사진
링크

새소식

지금 무슨 생각을 하고 계신가요?

 **그레첸**: 빌리는 비시리, 베스는 찌지리. 걔들은 서로 사랑한대요. 그리고 몸에선 더러운 냄새를 풍겨요!

6명이 좋아합니다.

 새러: ㅠㅠ 한심한 것들!
(2시간 전)

 월터: 그레첸, 네 말이 너무 웃겨서 배꼽 빠지겠다 야~
(40분 전)

베스는 모욕과 조롱 그리고 뒷담화를 읽고 또 읽었고……

"이런, 안 돼! 전교생이 이걸 본다면, 내 인생은 끝이야! 모두가 이상한 눈빛으로 나를 쳐다보고 손가락질 하고 비웃을 테지. 나도 애들을 향해 욕이라도 해 줘야 하나?"

하지만 베스는 화를 내며 되받아치는 대신, 인터넷을 통해 사이버폭력에 관해 연구하기로 했어요.

Google

사이버폭력이란 무엇인가?

[Google 검색] [I'm Feeling Lucky]

광고 프로그램   개인정보취급방침 및 약관   Google 정보

사이버폭력이란:

폭력은 온라인에서나 전화상으로도 일어날 수 있다. **사이버폭력**이란 인터넷이나 휴대폰 또는 그 밖의 통신기기를 사용해 상대방을 괴롭히는 것을 말한다.

다음과 같은 행동들이 해당된다:
- 상스러운 내용의 문자나 이메일 또는 메시지 보내기
- 다른 사람에 대한 저속한 사진이나 글을 게시하기
- 어떤 사람에 대해 거짓이나 나쁜 소문을 퍼뜨리기 위해 다른 사람의 이름 도용하기

사이버폭력의 실태:

- 인터넷을 이용하는 10대 청소년의 40퍼센트 이상이 사이버폭력을 겪은 적이 있다.
- 사이버폭력을 겪은 아이들 가운데 10퍼센트만이 그 사실을 부모님께 알렸다.
- 전문가들에 따르면 앞으로 SNS(페이스북, 트위터)가 사이버폭력의 주 무대가 될 것이라 한다.
- 여자 아이는 남자 아이에 비해 사이버폭력의 대상이 될 가능성이 더 많다.

사이버폭력은 어디에서 일어나는가?

- 채팅방
- 온라인게임의 채팅창
- 이메일
- 휴대폰 문자
- SNS(페이스북, 트위터, 마이스페이스)
- 웹사이트
- 메신저
- 블로그

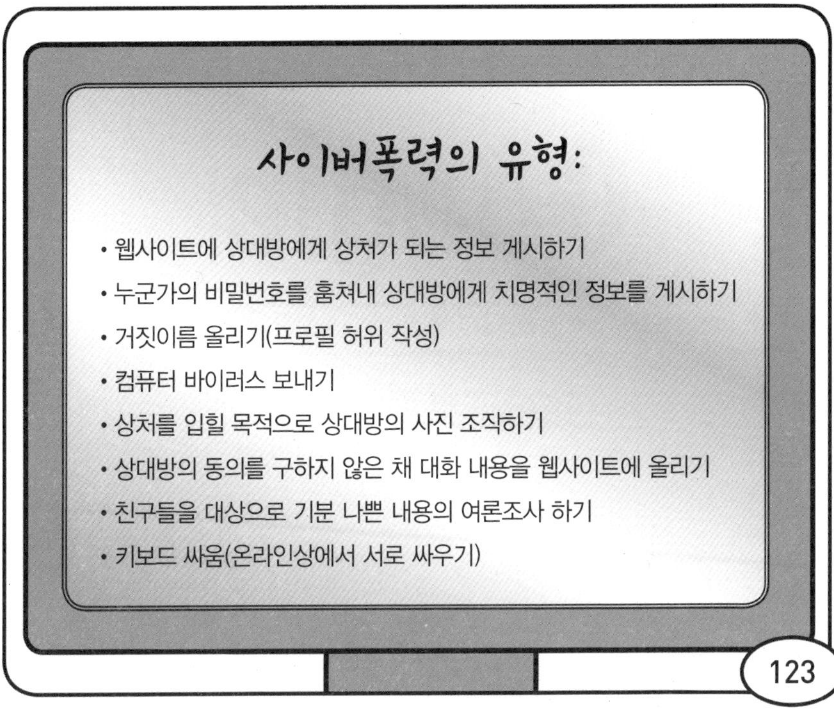

사이버폭력의 유형:

- 웹사이트에 상대방에게 상처가 되는 정보 게시하기
- 누군가의 비밀번호를 훔쳐내 상대방에게 치명적인 정보를 게시하기
- 거짓이름 올리기(프로필 허위 작성)
- 컴퓨터 바이러스 보내기
- 상처를 입힐 목적으로 상대방의 사진 조작하기
- 상대방의 동의를 구하지 않은 채 대화 내용을 웹사이트에 올리기
- 친구들을 대상으로 기분 나쁜 내용의 여론조사 하기
- 키보드 싸움(온라인상에서 서로 싸우기)

베스는 계속 연구를 해 나갔어요.

Google

사이버폭력에 관한 대처법 또는 충고

Google 검색   I'm Feeling Lucky

광고 프로그램   개인정보취급방침 및 약관   Google 정보

사이버폭력에 관한 대처법 또는 충고

- **황금률** = 어른에게 말하기
- (베스처럼) 열을 내며 대응하지 않기
- 낯선 사용자의 접근을 차단하여 가해자의 접속을 막기
- 여러분이 봐서 별로 좋지 않다 싶은 사이트에는 절대로 정보를 올리지 않기
- 개인정보보호 장치를 이용해 가해자들이 여러분을 쉽게 찾지 못하게 하기
- 화가 가라앉지 않은 상태에서 메시지를 보내지 않기
- 메시지를 전송하기 전에 항상 다시 신중히 생각해 보기
- 내 사진을 누가 가지고 있지 않은지 항상 확인하기
- 메시지를 삭제하지 않기(모든 것을 증거 자료로 저장해 두기)
- 가급적 SNS 하지 않기(SNS는 의무사항이 아님)

가해자들에게 사이버폭력의 결과에 대해 알려주기:

- 가해자는 폭력에 관한 학교 규정에 따라 여러 가지 처벌을 받을 수 있다
- 가해자는 페이스북 또는 여러 가지 온라인 계정이 영원히 박탈된다.
- 가해자는 나이에 따라 법적 처벌을 받을 수도 있다.

"와~ 유명인들 가운데 어렸을 적에 폭력을 경험한 사람들이 많네."

에미넴(그래미상 및 아카데미상 수상자)

"1년에 두세 번씩이나 학교를 옮기곤 했는데 그게 제일 힘들었어요."

"화장실에서나 복도에서 두들겨 맞았고 사물함에 머리통이 처박히기도 했어요. 신입 꼬맹이 취급받으며 대부분의 날들을 그렇게 보내야만 했죠."

- 2010년 10월 10일, 「60분 인터뷰」

테일러 스위프트(그래미상 수상 가수, 18살)

유명인이 되기 전 테일러 스위프트는 고교시절 왕따로 지냈습니다.

"크리스마스트리 농장에서 자란 것이 기본적으로 아이들은 꺼림직했나 봐요. 그리 바람직하지는 않았죠. 많은 여학생들은 내가 재수 없다고 생각했죠. 그들이 내게 잘 썼던 말이 '짜증 나'였어요. 점심시간에 내가 식탁에 앉으면 아이들은 다른 곳으로 자리를 옮기곤 했답니다."

- 2008년 12월, 「여성헬스 지」

테일러 로트너(영화 『트와일라이트』의 스타)

"저는 자신감이 아주 적었습니다……
영화배우였던 탓에, 학창 시절 크고 작은 괴롭힘이 늘 저를 따라다녔죠. 신체폭력이 아니라, 내가 하는 행동을 조롱하곤 했어요. 그럴 때마다 저는 제 자신에게 말했죠. '여기에 굴복하면 안 된다. 이건 내가 좋아하는 일이야. 나는 이 일을 계속할 거야!"
- 2009년 12월 10일, 「롤링스톤 지」와의 인터뷰

케이트 윈슬렛(아카데미상 수상자)

여배우 케이트 윈슬렛은 체중 때문에 학교에서 왕따를 당했습니다. "과체중 탓에 내 성적이었어요. 16살 때 '뚱보'로 불렸는데, 우스꽝스럽고 유치한 표현이었죠. 특히 여자 아이들이 참으로 영악하고도 집요했어요. '뚱보'란 말은 2년 동안 저를 괴롭혔죠. 결국 어머니에게 말해야만 했고 어머니가 담임선생님을 찾아가서 문제를 해결하셨습니다.
- 2001년 11월 4일, 「영국 어브저버 지」

베스는 이젠 진짜 어른에게 말해야 할 시간이 되었다고 생각했어요. 처음에 베스는 부모님께 말씀 드리려고 했는데 부모님께서 과잉 반응하실 것 같아 걱정 되었어요.

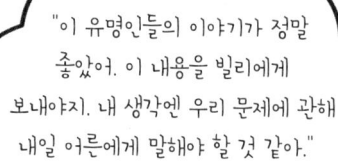

"이 유명인들의 이야기가 정말 좋았어. 이 내용을 빌리에게 보내야지. 내 생각엔 우리 문제에 관해 내일 어른에게 말해야 할 것 같아."

우리의 주인공 베스는 '황금률: 어른에게 말하기'를 잊지 않았군요.

황금률

폭력을 당하고 있을 때 여러분들이 맨 먼저 해야 할 일은 '어른에게 말하기'입니다. 비록 말하는 것이 너무나 힘들더라도 꼭 말해야 한답니다.

여러분이 알고 믿을 수 있는 어른을 찾아가요. 그리고 지금까지 일어난 모든 것을 말합니다. 여러분의 기분이 어떠한지 말해요. 그리고 어떻게 하면 여러분의 안전을 보장 받을 수 있는지도 물어 봐요.

여러분들을 안전하게 보호하는 것은 부모님과 선생님의 의무입니다. 가해자들로부터 보복 당할까 봐 두려워하지 말아요. 여러분들이 겪고 있는 상황을 겉으로 드러내는 것이 여러분들에게 유리합니다.

폭력은 언제나 비밀을 양분으로 번식한답니다.

요약정리

여러분이 겪고 있는 폭력의 종류가 어떤 것이든, 가해자에게 맞서기가 어려운 일임은 당연합니다. 기술의 발달로 다른 사람에게 해를 끼치는 것이 예전보다 훨씬 쉬워졌죠. 여러분은 아무런 희망이 없다고, 세상엔 나 혼자뿐이라고, 느낄지도 모릅니다. 그러나 이 세상에는 여러분과 똑같은 상황을 겪고 있는 아이들이 수십만 명이나 된다는 사실을 잊지 말아요. 여러분이 당하고 있는 폭력이 아무리 심각한 것이라 하더라도, 그것을 멈출 수 있는 방법이 없다는 생각을 절대로 해서는 안 됩니다. 또한 내가 못나서 폭력이 일어나고 있다고도 절대로 생각하지 말아요. 정말 못난 것은 남을 괴롭히는 행동입니다. 여러분이 겪고 있는 비극은 여러분의 잘못이 아닙니다.

다음 날……

"빌리, 어젯밤 인터넷에서 우리가 할 수 있는 최선의 방법이 우리 문제를 어른에게 말하는 것이라 배웠어. 우리 아인슈타인 선생님께 말하는 게 좋을 것 같아. 우리 학교에서 가장 짱인 선생님이니, 우리에게 도움을 줄 거야."

"난 몰라, 베스."

"선생님, 안녕하세요!"

"베스, 하지 마."

"얘들아, 안녕. 표정이 밝지가 않은데, 너희들 내가 웃겨 줄까?"

"너희들, 이 화장지를 춤추게 할 수 있겠니?"

"얍, 화장지야 춤추거라!"

"네, 저도 항상 웃으면서 지내고 싶었어요. 그런데 선생님, 저희들은 그레첸이란 나쁜 애 때문에 힘들어요."

"자, 이제 너희 이야기를 들어보자꾸나. 무슨 일이니?"

"우린 비밀을 누설하고 싶진 않은데요······"

"폭력에 관한 문제라면 **고자질**이라는 생각일랑 하지 마. 너희는 지금 아주 올바른 행동을 하고 있는 거야. 어른들이나 선생님들은 아이들의 안전을 책임져야 한다는 사실을 명심하렴. 너희는 폭력을 당하지 않을 권리가 있고, 어른들은 너희가 겪는 폭력을 멈추기 위해 무슨 일이든 해야 할 의무가 있단다."

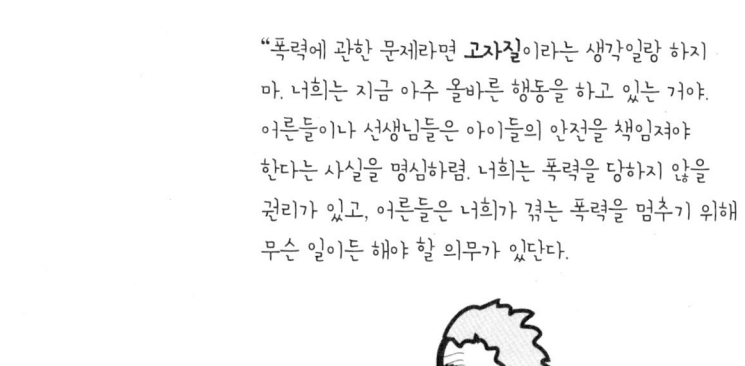

베스는 **황금률**을 따랐습니다.

베스가 어른에게 말함으로써 이제 폭력을 멈추기 위한 조치가 이루어질 거예요.

때때로 어떤 어른은 여러분을 돕기 위해 최선을 다하지 않을 수도 있어요. 그럴 때에는 믿음이 가는 다른 어른에게 도움을 요청해요.

방과 후 베스의 축구 연습 시간

"좋아요, 여러분. 다음 주에 동부 중학교와 중요한 경기가 있습니다.
모두 한 줄로 서서, 기술을 익히기 위한 연습을 하겠어요.
베스, 도전해 보렴. 너희들 연습 상대로 새로운 스타 골키퍼를 붙여 주마."

"찌지리"

"좋아, 잠깐 휴식! 올해 우린 우승을 할 것 같아. 느낌이 온다구~, 베스, 너 괜찮니?"

"네, 선생님"

"베스, 너 오늘 보니까 경기할 때 영 이상하더라. 넌 우리 팀 우수 선수인데, 뭔 문제 있어?"

"선생님, 사실은 그레첸이 저에 대한 안 좋은 소문을 퍼뜨리고 다니는 것 같아요."

"음~ 폭력을 당하고 있는 게로구나."

"어떻게 하는 것이 좋을까요?"

"폭력 문제를 대할 때마다 내가 좋아하는 운동선수의 이야기가 떠오르는구나.

너희들, 올림픽 금메달리스트 마이클 펠프스가 한때 학교폭력의 희생자였다면 믿겠니?

마이클은 메릴랜드 주 볼티모어의 북쪽에 있는 작은 마을에서 자랐어. 아홉 살에 부모님이 이혼을 했는데, 같은 시기에 펠프스는 주의력결핍과잉행동장애 (ADHD) 판정을 받았단다."

"마이클이 수영을 배우게 된 것은 누나들이 훌륭한 수영선수였던 탓도 있지만, 그가 겪고 있는 과잉행동의 문제를 탈출하기 위한 이유가 컸어. 수영을 배우기 시작했을 때 마이클은 얼굴을 물속으로 넣는 것이 너무 두려웠다고 해."

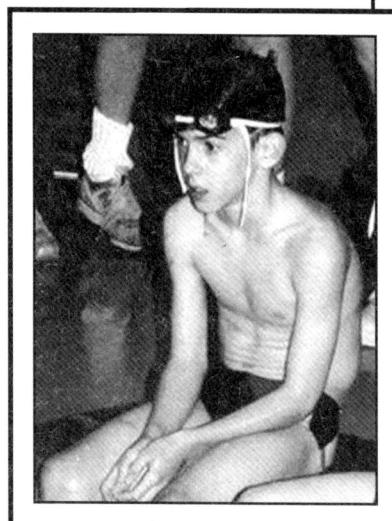

마이클은 키는 컸지만 내성적인 성격이었어. 게다가 큰 귀와 혀짜래기 말투 때문에 친구들로부터 놀림과 괴롭힘을 많이 당했다고 해.

"아이들은 툭하면 내 귀를 잡아당기는가 하면, 스쿨버스 창 밖으로 내 모자를 집어던지곤 했지요."

"한 남자 아이가 백 번째로 내 귀를 잡아당겼을 때, 내가 걔를 때렸고 그 덕에 등교정지를 먹었답니다. 괴롭힘을 당한 건 나인데, 내가 학교에서 쫓겨난 것이죠. 지금은 웃을 수 있지만, 그때는 정말로 화가 났어요. 물론 지금은 모든 것을 잊었고, 그 때문에 수영에 집중할 수 있었기에 고맙게 생각합니다."

"이렇게 생각해 봐요. 그때 나를 괴롭히던 친구들이 지금 뭘 하고 있는지 나는 모릅니다. 아마 아직도 볼티모어에 눌러 살고 있는지도 모르죠. 그러나 한 가지는 분명히 알아요. 그들은 베이징 올림픽에 출전하지 못했다는 것입니다."

마이클 펠프스 : 14개 금메달 수상자로서 올림픽 신기록을 세웠다. 그는 최고의 수영선수이자 올림픽 사상 가장 훌륭한 선수로 평가되고 있다.
- 2008년 5월 31일자, 「데일리 메일 온라인」

"이 이야기는 때론 폭력을 이겨 내는 최선의 방법은 자신에게 집중하는 것이라는 교훈을 말해 줘. 열심히 공부해. 열심히 노력해서 네가 될 수 있는 최고의 수준에 도달하렴. 잠시 폭력에 시달리더라도 네 삶의 나머지 부분은 너에게 열려 있단다."

"제가 선생님께 말한 보람이 있어요. 선생님의 이야기 정말 고맙습니다. 기분이 한결 나아졌어요."

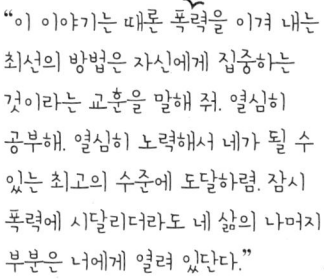

다음 날 오후, 교실

"펄 선생님, 빌리 학생과 베스 학생을 교장실로 보내 주시기 바랍니다."

교장실에서

"너희들이 새로 전학 온 학생 때문에 힘들다고 들었다. 우리 그 문제에 대해 대화를 해 보자꾸나."

"사실이에요, 교장선생님. 지난 몇 주 동안 새로 온 그레첸이 우리를 괴롭혔어요."

"음~ 얘들아, 우리 확실히 하기 위해
이 문제의 밑바닥부터 차근차근 짚어 보자꾸나.
너희들 이건 분명히 알아야 한다.
그레첸만이 괴롭힌 것이 아니라는 말이다.
내가 듣기론 빌리와 베스 너희들도
폭력을 썼다면서?"

"말도 안 돼요."

"그래? 그럼 이거 한 가지
물어보자. 늑대인간이나 뱀파이어
아기에 관해 들어 본 적이 있니?"

"음… 제가…
저희가 듣기론
그게 사실이래요."

"너희 둘 다 어떤 이야기가 사실인지 아닌지를 판단할 수 있을 만큼 영리한 아이들이지. 내가 그레첸의 부모님에게 폭력 문제를 말했더니, 그 분들은 그레첸도 폭력을 당하고 있다고 말씀하시더구나. 너희들이 그레첸에 대해 한 이야기를 말씀하시는 거지. 그런 이야기를 퍼뜨리는 데 가담한 사람은 누구나 폭력의 가해자가 되는 거야. 사람들이 가해자가 되는 이유는 여러 가지가 있어. 그 한 가지가 자기 자신이 폭력을 당한다고 느끼는 경우야."

"예~ 교장선생님, 저희들은 한 번도 그렇게 생각해 본 적이 없었어요."

아이들이 학교폭력의 가해자가 될 수 있는 이유:

- 가족 문제 때문에
- 자신이 폭력을 당하고 있다고 느껴서
- 이기적이거나 품행이 바르지 못하여 늘 제멋대로 하고자 하는 경우
- 친구가 없어 외로움을 느껴서
- 자신이 느끼는 좌절감을 다른 사람에게 떠넘기고 싶어서
- 자신감이 없고 자존감을 못 느낄 때 - 폭력을 통해 자신이 힘 있는 사람이란 걸 드러내고 싶어서
- 다른 사람 앞에서 자신이 힘 센 척하고 싶어서
- 어찌어찌해서 가해자 무리에 가입한 뒤 그들로부터 인정받기 위해 가담하게 되는 경우
- 폭력의 피해자들이 어떤 고통을 겪는지 이해하지 못해서
- 폭력을 겪어 본 적이 없어서

상담선생님과 그레첸의 만남

"그레첸, 많은 학생들과 부모님들 그리고 선생님들로부터 네가 급우들을 괴롭히고 있다는 말을 들었어. 우리 학교 교칙상 폭력은 매우 심각한 문제 행위야."

"예, 하지만 이게 처음 있는 일은 아니잖아요."

"그레첸, 아이들이 아주 힘들어하고 있어. 너 때문에 힘들어하는 아이들이 많단 말이다."

"누가 그런 말을 해요. 누군지 좀 알자고요. 찌지리 아니면 비시리죠? 내 이것들을 그냥!"

"그렇게 화를 내는 네 기분을 이해해. 하지만 그레첸, 화를 좀 가라앉혀라. 네 부모님께서 말씀하시더구나. 아이들이 너에 관해 소문을 퍼뜨리고 있다는 걸."

"네, 선생님도 그렇다고 믿으시죠."

"그레첸, 아이들이 말을 퍼뜨린 것은 잘못이기에 우린 그걸 중지 시킬 거야. 하지만 그렇다고 해서 네 잘못이 없어지는 것은 아냐. 너는 행동을 고쳐야만 해. 어디 한번 물어보자. 그레첸, 넌 어떤 행위들이 폭력에 해당한다고 생각하니?

여러분은 학교폭력의 가해자입니까? - I

- 여러분이 싫어하는 사람에게 발로 차거나 주먹으로 때리거나 혹은 밀치면서 반복해서 신체적으로 고통을 준 적이 있나요?

  예 ☐   아니오 ☐

- 다른 친구로 하여금 여러분이 싫어하는 사람을 괴롭히도록 거듭 부추긴 적이 있나요?

  예 ☐   아니오 ☐

- 인터넷을 이용해 거듭 어떤 사람을 괴롭히거나 나쁜 소문을 퍼뜨린 적이 있나요?

  예 ☐   아니오 ☐

여러분은 학교폭력의 가해자입니까? - II

- 어떤 사람의 마음에 상처를 주기 위해 또래집단으로부터 그 사람을 애써 따돌리고자 한 적이 있나요?

  예 ☐   아니오 ☐

- 어떤 사람의 겉모습이나 행동을 놓고서 그 사람을 비웃거나 놀린 적이 있나요?

  예 ☐   아니오 ☐

- 가해자 무리에 속해 폭력에 가담하거나 폭력을 멈추기 위해 아무 행동도 하지 않은 적이 있나요?

  예 ☐   아니오 ☐

앞의 항목 가운데 한 개라도 '**예**'라고 답했다면,

여러분은 학교폭력의 가해자일 가능성이 있습니다.

내가 학교폭력의 가해자라면, 어떻게 나를 바꿀 수 있을까요?

어른들 세계에서는 다른 사람에게 상처를 가하는 것이 상당히 심각한 문제가 됩니다. 남을 해치는 사람들은 큰 곤란을 겪게 되죠. 심한 경우 감옥에 가게 됩니다!

폭력의 고통을 겪고 있는 친구의 입장이 되어 보세요.

만약 여러분이 폭력의 피해자라면 어떤 기분일까요?

"좋아요. 그러니까 내가 가해자라는 거죠? 그래서 어쨌다는 건데요? 선생님은 나 같은 애의 입장에 대해 알아요? 아무도 나를 좋아하지 않고…… 내겐 친구도 없어요. 내가 사람들을 놀리지 않으면 아무도 내게 말을 걸지 않는다고요!"

"그레첸, 네게 해 주고 싶은 이야기가 있어. 이솝 우화에 나오는 <사자와 생쥐> 이야기야.

옛날에 어떤 사자가 자신의 굴에서 낮잠을 자고 있었어. 그런데 어떤 어리석은 생쥐 하나가 사자의 등 위로 급히 지나가다가 사자의 얼굴에 부딪히고 말았어.

그 바람에 곤히 낮잠을 자던 사자는 잠에서 깨어나 화가 났겠지. 사자는 그 작은 생쥐를 한 손에 움켜쥐고선 잡아먹을 듯이 무서운 소리로 소리쳤어.

"네가 감히 내 휴식을 방해해? 네 녀석은 내가 밀림의 왕인 걸 몰랐단 말이냐? 너처럼 작고 약한 놈은 네가 한 행동으로 죽어 마땅하렷다. 네 놈을 한 입에 물어 죽일까 보다!"

생쥐는 겁에 질려 몸을 바르르 떨며 살려달라고 애원했어. "위대한 백수의 왕이시여, 제발 저를 잡아먹지 마시옵소서. 사자님의 휴식을 방해할 생각은 없었습니다. 만약 지금 저를 살려주시면 이 은혜를 절대 잊지 않고 사자님의 영원한 친구가 되겠습니다. 앞으로 언젠가 제가 사자님의 생명을 구할 수도 있을 겁니다."

"너 같이 작고 약한 놈이 어떻게 내 목숨을 구할 수 있단 말이냐?" 사자는 코웃음을 쳤어. "하지만, 어린 생쥐야, 네가 나를 웃게 했으니 내 이번 한 번만큼은 기분 좋게 너를 보내 주마."

사자가 손아귀를 풀어 생쥐를 놓아 주자 생쥐는 쏜살같이 달아났어.

"사자 대왕님, 정말 고맙습니다. 후회하지 않으실 거예요!"

며칠 뒤 사자가 사냥하러 나왔다가 나무에 걸어 놓은 그물에 걸려 꼼짝달싹할 수 없게 되었어. 아무리 발버둥을 쳐 봐도 사자는 그물에서 빠져나올 수가 없었어. 힘을 주면 줄수록 그물 속으로 점점 깊이 빠져들었던 거야.

사자는 숲에 있는 친구들에게 큰소리를 쳤어. 모두들 겁이 나서 사자 가까이 다가갈 수 없었지만, 사자의 새로운 꼬마 친구만은 달랐어.

"내 친구 사자님이 위험에 빠졌다! 내가 가서 즉시 구해야겠다." 생쥐가 외쳤어. 생쥐가 도착해 보니 사자가 그물에 갇혀 있었어.

"제가 구해 드릴게요!"라고 말하고선 생쥐는 날카로운 이빨로 밧줄을 끊기 시작했어.

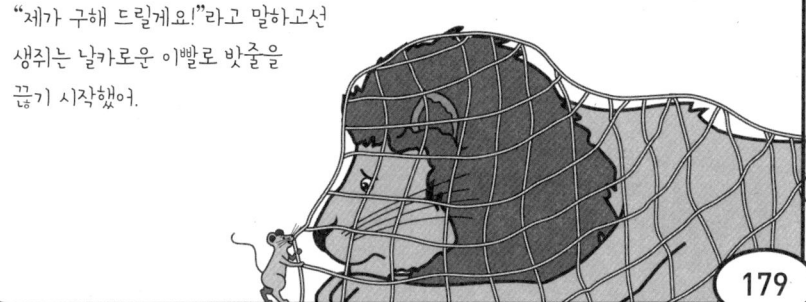

잠시 뒤, 사자는 풀려났어.

"작은 생쥐야, 네 말을 의심한 내가 어리석었다. 네가 무슨 도움이 되겠나 싶었는데, 오늘 이렇게 내 목숨을 구해 주는구나." 사자가 말했어.

"나는 약속을 지킬 줄 아는 생쥐랍니다. 언젠가 사자님의 은혜를 갚겠다고 했죠"라고 생쥐가 자랑스럽게 말했다는 이야기야.

"예, 좋은 이야기네요…… 그런데 요점이 뭔가요? 선생님 말씀은 만약 내가 다른 학생들에게 잘 대해 주면 언젠가 그 아이들도 내게 잘해 줄 수 있다는 건가요?

그러면 왜 지금 걔들이 내게 잘해 주지 않는가요? 난 이렇게 힘든데 말예요.

"누구나 한 번은 실수를 할 수 있단다. 그레첸, 너도 마찬가지야."

"내가 무엇을 할 수 있는지 말씀해 주세요. 저도 변하고 싶어요."

그레첸이 어떻게 자신을 변화시킬 수 있을까요?

- 자신이 대접 받고 싶은 대로 친구들을 대해 줍니다.
- 모든 사람들에게 너그러운 태도를 취합니다.
- 말을 할 때 조심을 합니다.
- 다른 사람의 입장을 잘 헤아려 봅니다.
- 다른 사람의 물건을 함부로 다루지 않습니다.

만약 여러분이 재미로 다른 친구들을 괴롭히다가 그 행위를 그만두고 싶은데 잘 안 된다면 **황금률: 어른에게 말하기**를 기억해요. 그걸로 인해 여러분이 곤란해질 것이라 생각하지 말아요. 여러분의 행위는 올바를 뿐만 아니라 자부심을 가져도 좋을 만큼 용기 있는 행동이랍니다.

빌리와 베스, 다시 교장실에서

"빌리, 베스, 우린 너희 둘을 너희 학년에서 리더로 생각하고 있어. 그레첸의 부모님이 너희에게 실망한 것도 그 때문이야. 그레첸은 너희 친구가 되고 싶어 하니 말이야. 너희들 <오즈의 마법사>가 그레첸이 제일 좋아하는 영화인 것을 아니? 그레첸에겐 연극 오디션을 받을 기회가 없었다는 것이 너무 슬펐다는구나."

잠시 후,
놀이터에서

빌리와 베스 그리고 그레첸은 몇 시간이나 함께 얘기를 했어요. 얘기를 나누면서 그들은 서로 비슷한 점이 많다는 걸 알게 되었어요. 축구부터 시작해서 음악 그리고 비디오 게임까지.

"응, 너희 우리 집에
오고 싶다는 말이지?"

"그럼!"

"그래!"

"내 말 좀 들어 봐. 지금까지 너희들을 괴롭혀서
정말 미안해. 다시는 안 그러겠다고 약속할게.
난 이번이 마지막 기회라고 생각해. 그리고 더 많은
친구를 사귀고 싶어. 너희들이 나에 관해 말한 이야기,
그러니까 나를 괴물로 생각했던 그 아이 있잖아."

"로니!"

빌리와 베스는 자기네가 그레첸이 괴물이라는 소문을 퍼뜨리는 데 가담함으로써, 그레첸에게 간접폭력을 가했다는 사실을 깨닫지 못하고 있었어요.

때론 우리 친구들이 자신이 폭력에 가담하고 있는지를 모를 때가 있답니다. 그러니 가끔씩 여러분이 다른 사람들을 어떻게 대했는지 자기 행동을 돌아볼 필요가 있어요. 심지어 폭력을 당하는 아이들도 남에게 가해자가 될 수 있답니다.

"너희들이 연극 의상을 입고 있는 것을 봤을 때 정말 부러웠어. <오즈의 마법사>는 내가 제일 좋아하는 영화야. 내가 이 학교에 왔을 때 오디션이 이미 끝났다는 사실을 알고선, 너희들을 괴롭힘으로써 나 자신을 위로하려 한 것인지도 몰라. 정말 미안해."

"그레첸, 아직 기회가 있어. 현재 사악한 마녀 역할을 맡을 사람을 구하고 있는 중이야. 연극 담당 선생님께 말하면 아마 네게 역할을 줄지도 몰라."

다음 날
연극 리허설

"그 애가 딱이야! 그레첸에게 마녀 의상을 줘. 아가씨, 내일 리허설 할 테니 연습 열심히 해와. 외워야 할 대사가 많단다."

"이건 내 생애 최고의 날이야. 믿을 수가 없어. 내가 제일 좋아하는 영화와 그 영화에서 내가 제일 좋아하는 역을 연기한다니. 정말 믿어지지가 않아! 얘들아, 정말 고마워!"

"아~~앗!!! 너희 둘 지금 뭐하고 있냐? 너희 제 정신이야? 살고 싶으면 빨리 달아나라고!"

그레첸과 빌리, 베스, 로니, 레스터는 친구가 되어 연극 연습을 정말 열심히 했어요.

마침내 아이들이 무대에서 함께 연기를 펼칠 시간이 왔답니다.

스틱빌 중학교 1학년 친구들이
자랑스럽게 준비한
매우 특별한 연극을 시작하겠습니다.

오즈의 마법사

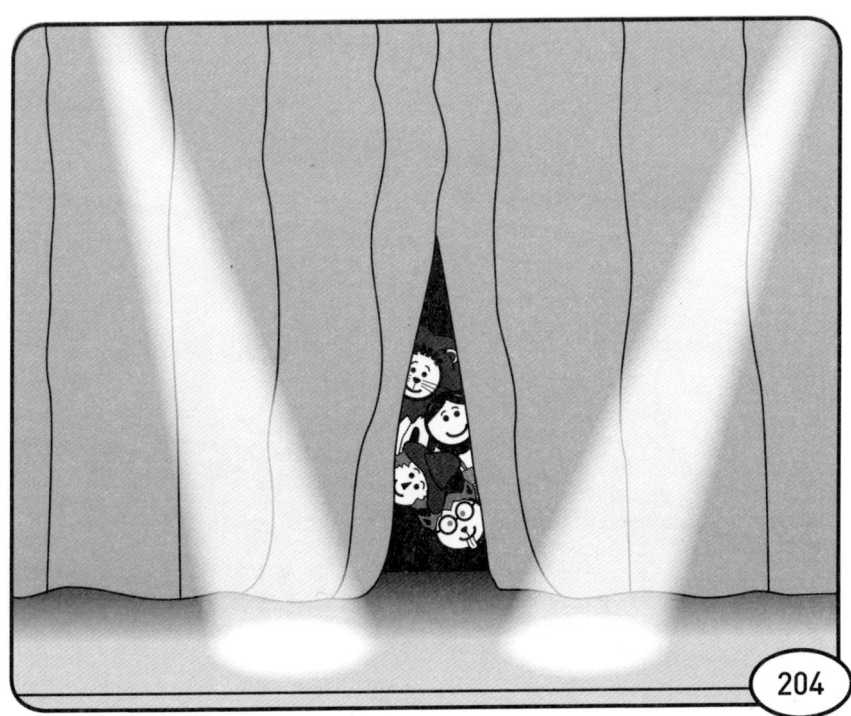

"나의 이쁜이와 그리고 너의 강아지, 너희 둘을 선택하마!"

그레첸의 부모님은 일찌감치 와서 맨 앞줄에 앉아 딸의 연기를 지켜보았어요.

"귀여운 우리 딸, 자랑스러워라."

"용기! 스핑크스를 일곱 번째 신비로 만든 것이 뭐야? 용기지! 새벽을 천둥처럼 오게 한 것은 뭐야? 용기! 호텐토트 사람들을 그렇게 뜨겁게 만든 것은 뭐야? '원숭이들'로 하여금 살굿빛 옷을 입게 한 것은 뭐야? 내겐 없지만 그들에겐 있었던 것은 뭐야?
- 〈오즈의 마법사〉에 나오는 말

끝

연극이 끝난 뒤

"야, 꼬맹아. 너 진짜로 네가 개라고 생각하냐? 개라면 점심 사 먹을 돈 따위는 필요 없지 않겠어!"

"로건, 말조심해!"

"그레첸… 난… 네가 레스터의 친구인 줄 몰랐어…"

"친구 맞거든! 그리고 셋 안에 꺼지지 않으면… 하나, 둘…"

"으르렁!"

"고마워, 네가 최고야!"

"있잖아, 레스터, 너 정말 귀여운 거 있지."

자, 이게 우리 이야기의 끝입니다.
"안녕, 친구들"
끝까지 읽어 줘서 고마워요!

자, 지금 바로 책을 뒤집어서 별책 '학교폭력 없는 평화학교 만들기'를 보세요.

Wee 사이버상담(http://www.wee.or.kr)

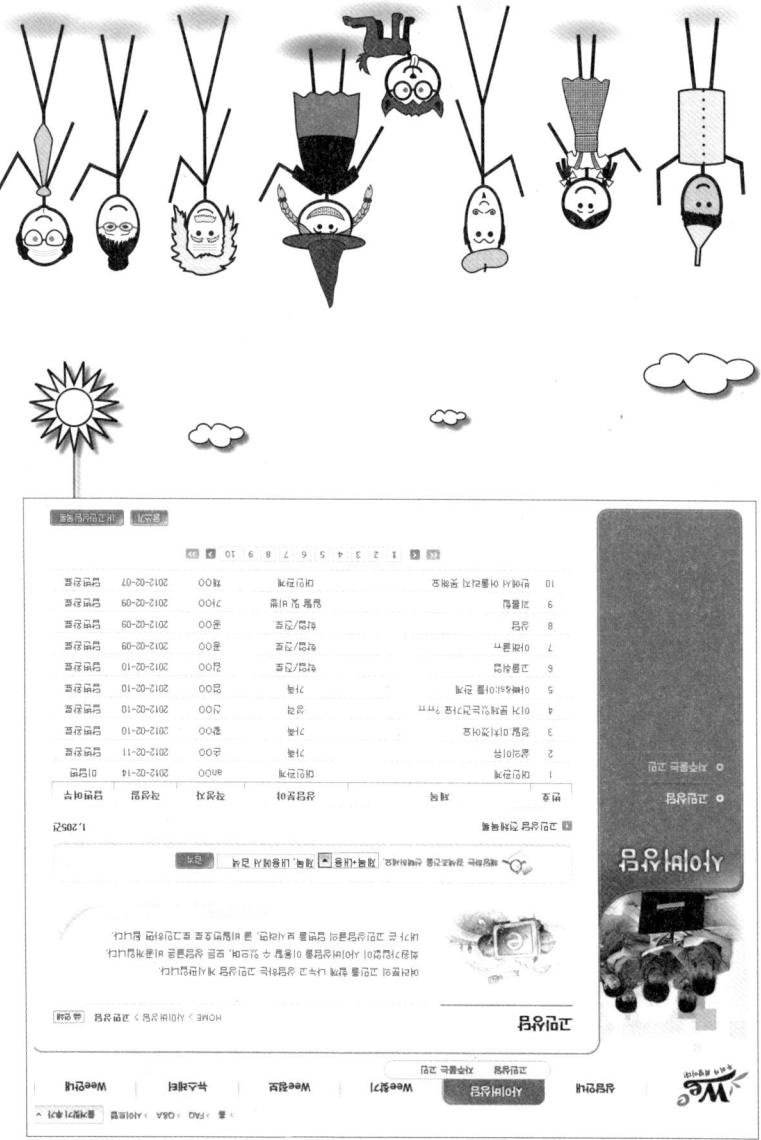

5. 전화 신고/ 사이버상담

• 전화 신고/ 상담

학교폭력 신고전화 117

서울시 청소년상담지원센터 02-2285-1318

학교폭력 SOS 지원단 1588-9128

학교폭력긴급전화 1588-7179

청소년전화 국번 없이 1388

• 사이버 상담

CYBER1388 청소년 http://www.cyber1388.kr

3. 모바일 웹/앱 신고

① msafe182.go.kr에 접속하거나 모바일앱을 실행한다.

② 모바일웹은 〈학교여성폭력신고〉 메뉴를 터치하고, 앱은 〈도와주세요 118〉을 터치한다.

③ 신고양식 화면이 나타나면 신고내용을 작성한다.

  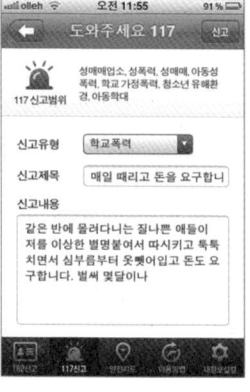

4. 휴대폰 문자신고(#0117)

2. 1:1 채팅 상담

① 홈페이지 안전드림(www.safe182.go.kr)에 접속한다.

② 신고 상담 메뉴에서 〈1:1 상담〉을 선택한다.

③ 1:1 상담 안내 화면에서 〈상담 시작〉을 클릭한다.

④ 1:1 상담 채팅을 시작한다.

✿ 두려워도 말해야 해!

- 경찰에 신고하기

1. 홈페이지 신고

① 홈페이지 안전드림(www.safe182.go.kr)에 접속한다.

② 117학교여성폭력피해자 긴급지원센터를 클릭한다.

③ 신고 양식을 작성한다.

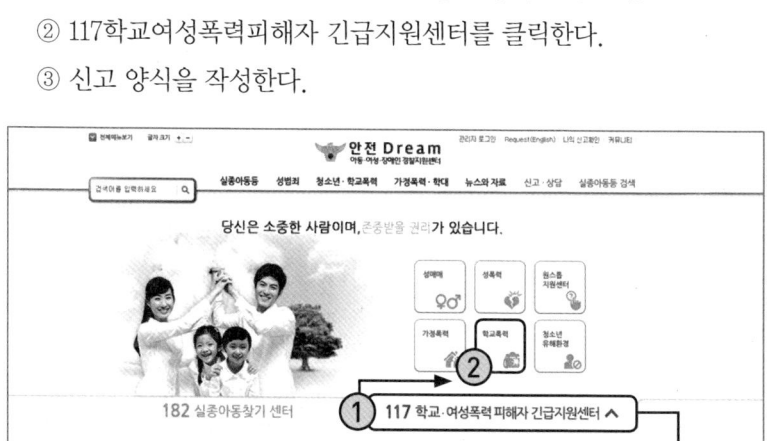

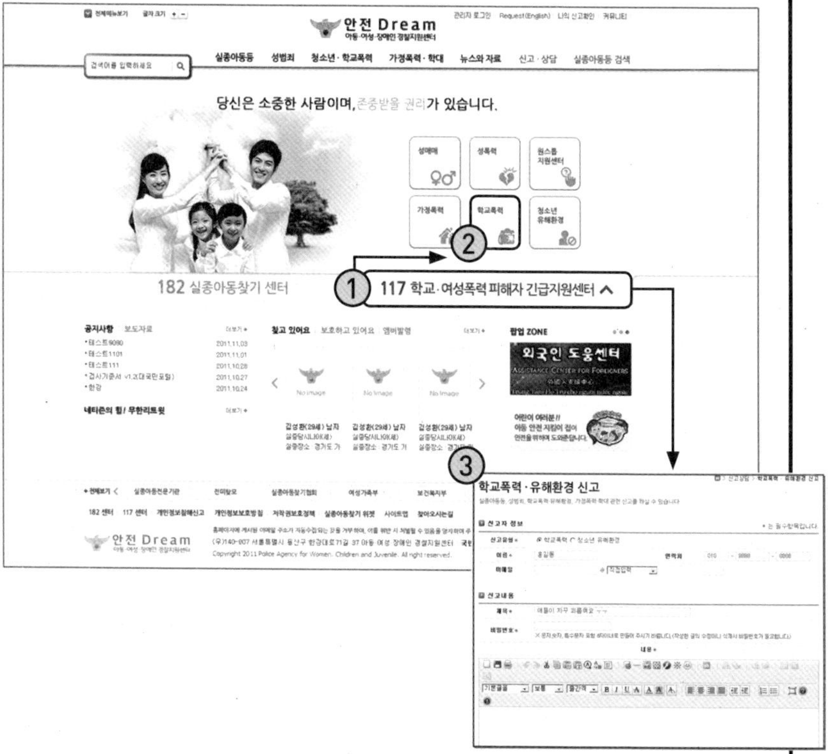

관한 법률을 적용하여 형사처벌이 가능합니다.

그러나 이러한 공포나 불안감을 일으키지 않는 정도의 단순 스팸메일에 대해서는 한국정보보호진흥원이 운영하는 불법스팸메일 신고센터(www.spamcop.or.kr, 02-1336)나 공정거래위원회 구매권유 광고 수신거부 사이트(www.nospam.go.kr)에 스팸 발송자를 신고할 수 있어요. 스팸차단과 관련된 도움도 받을 수 있어요.

Ⓠ 같은 반 친구들이 제가 따돌림 당하는 장면을 스마트폰으로 찍은 후 실시간으로 중계했어요. 그리고 제 트위터와 페이스북에다 자꾸 욕설과 악성 댓글을 퍼부어요. 이 친구들을 경찰에 신고할 수 있을까요?

Ⓐ 정보통신망이용촉진 및 정보보호 등에 관한 법률에서는 다른 사람의 명예를 훼손하거나 이유 없이 비방하는 사람에 대해 징역형이나 벌금형을 처할 수 있어요.

Ⓠ 같은 반 친구가 안티카페를 개설해서 1년 동안 저를 욕하고 허위 글을 올리고 사진을 올려요. 그리고 다른 친구들에게 제 이름과 신상을 공개했어요. 저는 어떻게 해야 할까요?

Ⓐ 정보통신망이용촉진 및 정보보호 등에 관한 법률에서는 타인의 명예를 훼손하거나 이유 없이 비방하는 자에 한하여 징역형이나 벌금형을 처할 수 있어요. 정확하지 않는 악성루머를 배포하거나 타인의 명예를 훼손하는 자료를 방치하거나 다른 사람의 사진, 생년월일, 전화번호 등을 게시하는 안티카페의 경우에 신고하면 처벌할 수 있어요.

만약 당사자가 보복이 두려워서 신고를 못하고 있다면 친구나 가족이 대신 안전드림 센터에 신고할 수 있어요(신고 방법은 ✿두려워도 말해야 해! - 경찰에 신고하기를 참고해요).

※출처: 경찰청 온라인 누리집(www.safe182.go.kr)

원 이하의 벌금)

🔍 저와 친구의 핸드폰으로 음란한 문자 메시지가 며칠 사이 여러 통이 왔고, 그걸 보낸 남학생이 전화로 왜 답장이 없느냐고 계속 협박합니다.

📄 음란한 문자를 보낸 남학생은 정보통신망 이용촉진 및 정보보호 등에 관한 법률에 따라 처벌 받을 수 있고, 협박이나 공갈 등으로 신고할 수 있어요. 상대 남학생이 14세 이상이면 형사처벌도 가능합니다.

🔍 온라인게임을 하는데 상대가 계속 욕하며 저를 괴롭혀요. 이 상대를 처벌할 수 있나요?

📄 인터넷게임을 하면서 단순히 욕을 하였다는 정도로 처벌할 수는 없어요. 이런 경우는 게임회사에 신고해 상대방의 계정을 정지시키는 등의 조치를 하기 바랍니다.

🔍 제가 인터넷에 쓴 글에 심한 악플이 계속 달려 고민이 많아요. 악플을 단 사람들을 처벌할 수 있나요?

📄 댓글 내용이 허위 사실이 분명할 경우에는 '정보통신망 이용촉진 및 정보보호에 관한 법률'상 명예훼손으로 처벌받을 수 있어요. 욕설 등 모욕적인 말을 사용한 경우에는 형법상 모욕으로 처벌이 가능합니다. 또한 정보통신망 이용 촉진 및 정보보호 등에 관한 법률에서 악성댓글을 올린 당사자에게 게시물의 삭제요청 권한을 부여하고 있어요. 이런 글을 발견하면 사이트 운영자에게 게시물 삭제를 요청할 수 있어요.

🔍 누군가가 자꾸 메일을 보내 저를 괴롭히는데 이 사람의 신상을 알아내서 처벌할 수 있는 방법이 있을까요?

📄 공포심이나 불안감을 유발하는 말, 음향, 글, 동영상이 담겨 있는 메일을 반복적으로 발송하였다면, 정보통신망이용촉진 및 정보보호에

서 조치가 달라집니다.

Q 친구가 같은 학교 동급생 7명에게 4학년 때부터 2년 동안 따돌림을 당하고 있어요. 친구에게 계속 욕을 하고 물건을 가져가거나 버리기도 해요.

A 모욕적인 욕이나 행위가 반복적으로 이루어지면 고소할 수 있어요. 먼저 부모님이나 선생님께 피해 상황을 알려서 함께 해결하는 것이 바람직합니다. 경찰에 신고하면 경찰이 조사할 수 있습니다.

Q 같은 학교 아이들이 키가 작고 왜소하다고 자꾸 놀리고 왕따를 시켜요. 이 아이들을 처벌할 수 있을까요?

A 학교폭력으로 신고하면 가해자를 상대로 조사를 실시하여 법에 저촉되는 행동은 형사처벌을 받을 수 있습니다. 나이에 따라 소년보호 사건으로 처리할 경우는 보호처분이 내려집니다.

Q 중학생 형이 저한테 자꾸 돈을 가져오라고 시켜요. 돈을 갖다 주지 않으면 욕을 하거나 때리겠다고 했어요. 이 형을 신고하고 싶은데 신고 사실이 알려지면 보복 당할까 무서워요.

A 익명으로 경찰서나 신고상담 센터에 신고할 수 있어요.

Q 심심해서 인터넷에서 가져 온 사진을 여자 아이들에게 전송했는데, 이것도 벌을 받나요?

A 전화, 우편, 컴퓨터 등 정보통신망을 통해 성적 수치심이나 혐오감을 일으키는 글, 음향, 동영상 등을 배포한 경우 사이버성폭력에 해당하여 형사처벌을 받을 수 있어요.
　- 정보통신망 이용 촉진 및 정보 보호 등에 관한 법률(1년 이하의 징역 또는 1천만 원 이하의 벌금)
　- 성폭력범죄의 처벌 등에 관한 특례법(2년 이하의 징역 또는 500만

✿이런 것도 죄가 되나요?

- '학교폭력 예방 및 대책에 관한 법률' 묻고 답하기

「학교폭력예방 및 대책에 관한 법률」은 학교폭력에 대한 전반적인 문제를 다루기 위해 제정·시행 중에 있다. 가해 행위의 동기와 죄질 등을 고려하여 「형법」을 비롯한 형사법이 적용되고, 「소년법」이 적용될 수 있다.

Q 초등학교 5학년인 친구가 같은 반 아이에게 맞아 다리가 부러지는 등 크게 다쳤어요. 초등학생도 형사처벌을 받게 할 수 있나요?

A 가해 학생이 10세 이상 14세 미만이면 형사처벌을 받지는 않으나(「형법」 제9조), 「소년법」에 따른 보호처분 등을 받을 수 있어요.

Q 며칠 전 친구들과 분식집에서 군것질을 하던 중 인근 학교 학생들과 째려본다는 이유로 다툼이 있었는데, 그 후로 계속 그 학생들이 나오라고 시비를 걸어요. 이것도 처벌을 받나요?

A 엄밀히 말하면 학교폭력으로 볼 수 있으나 처벌 대상이 되기는 힘듭니다. 하지만 선도의 대상은 될 수 있으니 경찰서에 신고할 수 있어요.

Q 부모님이 없는 사이 같은 반 친구가 집에 와서 물건을 훔쳐 가고 계속 괴롭히고 있어요. 신고할 경우 그 친구는 어떤 처벌을 받게 되나요?

A 가해 학생은 14세 미만이므로 형사법상 미성년자에 해당되어 직접 처벌을 받지는 않습니다. 하지만 신고하면 도벽 경력이 있는지, 어떤 고의성을 가지고 괴롭혔는지, 그리고 가해 학생이 잘못한 정도에 따라

망치고 있다. 이것은 그럴 만한 가치가 없다.

7. 모르는 전화번호와 사람들의 문자 메시지에 응답하지 않는다. 휴대
전화를 통해 여러분에게 접근하려는 사람들을 차단하는 요령을 알아
야 한다. 여러분에게 나쁜 의도를 갖고 접근하는 사람들에게 절대 말
려들면 안 된다. 모르는 전화번호의 문자에 절대 회신하지 말라.

8. 휴대전화는 반드시 잠금 기능을 걸어 놓아 다른 사용자의 접근을 막
는다. 그리고 비밀번호는 자주 바꾸어 안전하게 관리한다.

✿ 휴대전화 안전하게 사용하기

1. 휴대전화 번호는 믿을 만한 사람들에게만 알려 준다.

2. 문제가 될 만한 사진이나 동영상을 휴대전화에 저장하지 않는다. 또한 아이디, 비밀번호 등 중요한 개인정보를 저장하지 않는다. 이런 정보들이 나쁜 어른들이나 친구들의 손에 들어가면 큰 문제가 생길 수 있다. 여러분의 학교생활이 힘들어질 수도 있다.

3. 부모님이나 선생님이 봐도 괜찮은 문자, 사진이나 동영상이 아니면 전송하거나 캡처하지 않는다.

4. 여러분이 전송한 문자나 사진, 동영상이 같은 학교 학생들뿐만 아니라 인터넷에 퍼졌을 때 기분이 어떨지 생각한다. 여러분 자신이 퍼뜨리지 않을지라도 다른 누군가가 그렇게 할 수 있음을 명심한다.

5. 여러분이 휴대전화에서 만든 모든 문자, 사진, 동영상이 증거자료로 사용될 수 있음을 명심한다. 이런 자료들은 휴대전화 통신사의 서버나 휴대전화 제조사의 웹사이트에 여러분의 계정으로 저장되거나, 휴대전화의 플래시 메모리나 SIM 카드에 저장되거나, 다른 사람의 휴대전화에 저장될 수 있다. 여러분이 삭제했다고 하더라도 말이다.

6. 휴대전화를 갖게 된 것에 고마움을 느낀다. 부모님이 휴대전화를 사준 것에 감사하고, 여러분은 그 기대에 걸맞게 행동해야 한다. 요즘 많은 청소년들이 컴퓨터나 휴대전화를 잘못 사용하여 자신의 미래를

• 자신을 비방하는 글이나 사진을 보관하는 방법

① 캡처해야 할 웹페이지를 연다.

② 키보드의 프린트스크린(Print Screen) 키를 누른 다음에, 아래아한 글 파일이나 MS 워드 파일에 붙여넣기 한다.

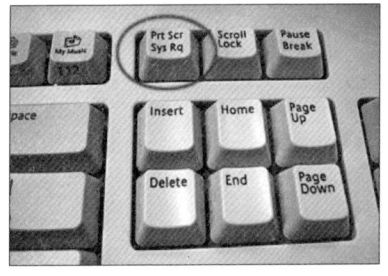

③ 그 사진 아래에 가해자의 온라인 아이디나 별명, 이메일주소, 날짜 와 시간 등 필요한 자료를 기록해 둔다.

④ 이 파일을 하드드라이브에 저장해 둔다.

※출처: www.cyberbullying.us

8. ③

가장 안전한 비밀번호는 8자 이상이고 문자와 숫자, 특수문자($, ?, /, %)를 조합하는 것이다.

9. ⑤

여러분이 목격한 사이버폭력을 어른에게 말하는 것이 가장 중요하다. 그래야 가능한 빨리 희생자를 돕고 가해자를 처벌할 수 있다. 또한 힘들어하는 희생자를 도와주고, 다른 사람을 괴롭히는 것이 멋진 일이 아님을 가해자에게 알려 준다. 마지막으로 여러분이 저장하거나 프린트 해 둔 증거가 나중에 가해자를 교육시키는 데도 도움이 된다는 사실을 명심한다.

10. ③

어른들은 사이버폭력을 멈추게 하는 능력이 더 많다. 어른들은 학교에 얘기하고, 가해자의 부모님에게 말하고, 인터넷 서비스 운영업체나 이동통신사에 얘기해서 허위나 비방 자료를 올리거나 발송한 사람을 찾아내는 일뿐만 아니라 사진이나 글을 내리게 할 수도 있다.

※정답과 해설

1. ⑤
여기에 실린 행동은 온라인상에서 일어나는 사이버폭력 중 몇 가지일 뿐이다.

2. ⑤
이 모든 방법은 여러분을 가해자와 문제로부터 멀어지게 할 수 있고, 어른에게
말할 때 문제를 완벽하게 해결하거나 끝낼 수 있다

3. ③
인터넷에서 여러분의 이름을 검색해 보면 어떤 개인정보가 인터넷에 올라가 있
는지 알 수 있다.

4. ⑤
이런 상황에서 범죄 행동이 나타날 수 있다. 법률 조항을 알고 있다면 더 쉽게
대처할 수 있다.

5. ③
여러분의 개인정보를 가장 확실하게 보호하는 방법은 결코 온라인에 어떤 정보
도 올리지 않는 것이다. 때때로 다른 사람들이 여러분의 정보를 온라인에 올릴
수도 있다.

6. ④
이 모든 전략이 다른 누군가를 괴롭히려는 사람들에게 맞설 때 좋은 방법이다.
이렇게 폭력 상황에서 발을 빼고 침묵하면 문제 해결에 아무런 도움이 되지 않
는다. 이럴 때 모든 사람들은 당황하고 절망한다. 열쇠는 여러분의 감정과 행동
을 다스려서 문제를 일으키거나 나중에 후회할 행동을 하지 않는 것이다.

7. ⑤
여기에 실린 모든 행동은 자료를 수집하여 사이버폭력에 대처할 때 효과적이
다. 모든 경우에 누가, 어떤 정보를, 어디에 어떻게 올렸는지 파악할 수 있다.

③ 이메일 발신자의 아이디를 추적한다

④ 컴퓨터 하드 드라이브, 휴대전화기의 플래시 메모리카드를
   점검한다

⑤ 위 모두

8. 다음 중 온라인에서 가장 안전한 비밀번호는 무엇일까요?

① computer

② cow

③ $traw3rry

④ 55555555

⑤ football37

9. 여러분의 친구가 사이버폭력을 당하는 모습을 보았을 때 어떻게
   해야 할까요?

① 어른에게 알린다

② 폭력을 당하는 사람을 도와준다

③ 가해자에게 맞선다

④ 증거를 저장해 둔다(캡처를 하고 프린트 해 둔다)

⑤ 위 모두

10. 여러분이 사이버폭력을 당한다면 다음 중 어떻게 해야 할까요?

① 내 잘못이라고 생각한다

② 혼자서만 비밀로 한다

③ 스스로 해결해 보려 노력하고, 안 되면 어른에게 알린다

④ 학교를 가지 않는다

⑤ 되받아쳐 싸운다

4. 다음 중에서 경찰에 반드시 신고할 일은 무엇일까요?

① 누군가 여러분의 안전을 위협한다

② 누군가 여러분 가족의 안전을 위협한다

③ 누군가 여러분과 일대일 만남을 하려고 시도한다

④ 누군가 여러분에게 불법적인 일을 하라고 강요한다

⑤ 위 모두 다

5. 다음 중 온라인에서 여러분의 개인정보를 보호할 가장 좋은 방법은 무엇일까요?

① 페이스북에서 개인정보를 "비공개"로 설정한다

② 친구에게만 패스워드를 알려 준다

③ 온라인에 어떤 개인정보도 올려놓지 않는다

④ 신뢰할 만한 웹사이트에만 개인정보를 올린다

⑤ 위 모두 다

6. 어떤 사람이 괴롭힘을 당하는 것을 알았을 때 다음 중 어떤 일을 할 수 있을까요?

① 컴퓨터를 끈다

② 괴롭힘을 당하는 상황을 기록해 둔다

③ 친구에게 도움을 요청한다

④ 위 모두 다

⑤ 위 모두 소용없다

7. 어른에게 사이버폭력의 가해자를 알리기 위해 정보를 수집하는 방법은 어떤 것이 있을까요?

① 메신저 로그 기록을 보관한다

② 해당되는 웹페이지를 캡처한다

☆ 사이버폭력에 대처하기 퀴즈

1. 다음 중 사이버폭력으로 생각되는 무엇인가요?
   ① 기분 나쁜 문자 메시지를 보낸다
   ② 비방하는 웹사이트를 만든다
   ③ 당사자의 허락 없이 당혹스러운 사진을 올린다
   ④ 페이스북에서 어떤 사람을 위협한다
   ⑤ 위 모두 다

2. 온라인에서 괴롭힘을 당했을 때에는 어떻게 해야 할까요?
   ① 채팅방에서 나오거나 메신저를 끈다
   ② 가해자의 메시지를 차단한다
   ③ 가해자를 무시한다
   ④ 어른에게 말한다
   ⑤ 위 모두 다

3. 여러분의 개인정보가 인터넷에 돌아다니고 있는지 어떻게 알 수 있을까요?
   ① 모르는 사람에게 물어본다
   ② 부모님에게 물어본다
   ③ 직접 인터넷 검색을 해 본다
   ④ 경찰에 물어본다
   ⑤ 절대 찾을 수 없다

✿ 우리 반의 평화규칙

학생들이 모두 참여하는 학급회의 시간에 평화규칙을 만들어 본다.
이 규칙을 만들어 학급 게시판이나 책상에 붙여 놓는다.

인천 용현중학교 2학년 4반의 평화규칙 11조(곽은주 선생님)

1. 따돌림 없는 화목한 반을 만들자
2. 친구를 돕고 칭찬하여 나쁜 짓을 말리자
3. 유언비어를 퍼뜨리거나 상처 주는 말은 하지 말자
4. 폭력을 쓰지 않고 대화로 해결하자
5. 학교 물품은 아껴 쓰자
6. 친구의 물건은 반드시 돌려주자
7. 청소를 열심히 해 깨끗한 반을 만들자
8. 같이 밥 먹고 같이 운동해 건강해지자
9. 친구들이 싫어하는 장난은 괴롭힘임을 알자
10. 준비물, 숙제 등 수업 준비를 잘 알자
11. 선생님께 예의를 갖추고 솔직하자

5. 모둠마다 가장 고통스러운 단계에 포함되었던 말을 정해 준다. 각 모둠의 한 친구에게 첫 번째 말을 크게 읽게 한다. 해당 모둠은 이 말이 상처를 주는 말임을 인정하고 ①사람들이 그러한 말을 할 수 있도록 허용해야 하는지 여부와 ②그런 말을 들으면 어떻게 해야 하는지에 대해 토론한다.

※출처: 학교 인권교육 길라잡이 / 따돌림, 학교폭력 없는 학교 만들기

✪ 놀리는 말, 장난의 말, 고통스러운 말, 모욕적인 말 - 언어폭력 이해하기 모둠활동

1. 종이를 나누어 받아서 학교에서 듣고 감정이 상했던 말들을 한 장에 한 가지씩 적는다.

2. 게시판에 '장난의 말, 놀리는 말, 모욕적인 말, 고통스러운 말'에 이르기까지 여러 단계의 등급표를 만들어 놓는다.

3. 각자가 종이에 적은 말들을 등급표에서 해당된다고 생각하는 단계에 붙인다.

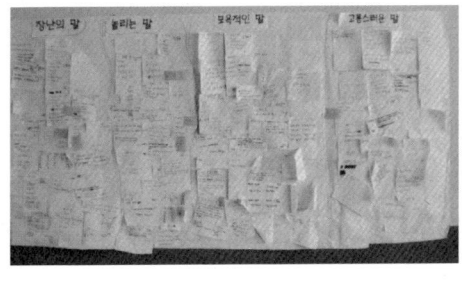 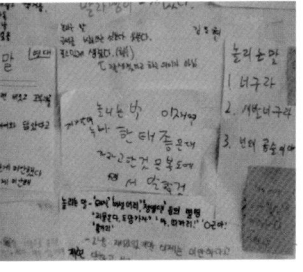

4. 친구들과 느끼는 강도가 어떻게 다른지 이야기하고, 그 말들을 분류해 본다(예를 들어 성격, 외모, 가정배경, 능력 등).
   - 이러한 분류로부터 언어폭력에 대해 어떠한 결론을 내릴 수 있는가?
   - 어떤 사람들은 매우 고통스럽게 여기는 말이 다른 사람에게는 장난스럽게 여겨지는 이유는 무엇인가?

• 친구를 괴롭히는 행동

친구를 괴롭히는 행동	5	4	3	2	1	0
가만히 있는 사람에게 시비 걸기 (톡톡 건드리기)						
이유 없이 때리기						
때리기						
욕하기						
귀찮은 장난치기						
돈 빌려달라고 하기						
놀리기						
험한 말하기						
생김새로 놀리기						
듣기 싫어하는 별명 부르기						
따돌리기						
이유 없이 때려 부수기						
발차기						
남의 물건 던지고 놀기						
심부름시키기						
체육복 내리기						
주무르기, × 만지기						
남이 싫어하는 행동을 고의로 하기						
위협적인 행동						
합계						
총점						

※출처: 따돌림, 학교폭력 없는 학교 만들기 - 전교조 학교폭력 예방 매뉴얼

✿ 친구를 대하는 내 모습 점검하기

	항 목	절대 그렇지 않다	그렇지 않다	보통 이다	그렇다	항상 그렇다
1	교실에서 큰소리로 누군가를 비난한 적이 있다.					
2	누군가 심부름 시키는 것을 보면 나도 그 애에게 심부름 시켜 보고 싶다.					
3	따돌림 당하는 아이를 보면 나도 친해지고 싶지 않다.					
4	없는 사람 취급 받거나 따돌림 당하는 아이와 짝이 되면 짜증이 난다.					
5	친구가 싫어하는 말이나 행동인 줄 알면서도 한 적이 있다.					
6	이유 없이 누군가를 때린 적이 있다.					
7	마음에 들지 않는 아이가 있을 때 친한 친구들에게 그 아이와 놀지 말라고 한 적이 있다.					
8	곤란해 하거나 싫어하는 데도 누군가의 물건 (휴대전화 등)을 빌려 쓰고 한참 뒤에 돌려준 적이 있다.					
9	별로 친하지 않은 아이에게 먹을 것을 사달라고 해서 얻어먹은 적이 있다.					
10	싸움하는 것을 보면서 싸움을 부추기거나 모른 척한 적이 있다.					
11	화가 나면 물건을 던지거나 부수거나 소리를 지른다.					
12	돈을 빌린 후 돌려주지 않은 적이 있다.					
13	내가 할 일을 친구에게 시킨 적이 있다(식판 치우게 하기, 밥 대신 받아 오게 하기, 청소 대신 시키기, 숙제 시키기 등).					

1

차례

✿ 친구를 대하는 내 모습 점검하기 · 1

✿ 놀리는 말, 장난의 말, 고통스러운 말, 모욕적인 말 · 3
   - 언어폭력 이해하기 모둠활동

✿ 우리 반의 평화규칙 · 5

✿ 사이버폭력에 대처하기 퀴즈 · 6

✿ 휴대전화 안전하게 사용하기 · 12

✿ 이런 것도 죄가 되나요? · 14
   - '학교폭력 예방 및 대책에 관한 법률' 묻고 답하기

✿ 두려워도 말해야 해! · 18
   - 경찰에 신고하기

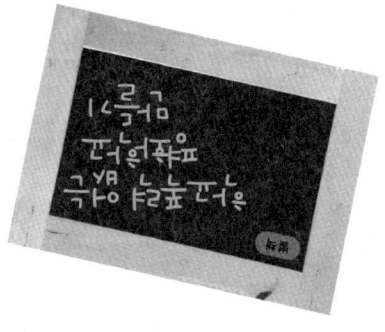